上党戏魂郭金顺

赵魁元　张保福　执笔

山西出版传媒集团

山西人民出版社

图书在版编目(CIP)数据

上党戏魂郭金顺 / 赵魁元，张保福执笔. --太原：山西人民出版社，2015.12

ISBN 978-7-203-09417-3

Ⅰ. ①上… Ⅱ. ①赵… ②张… Ⅲ. ①郭金顺(1915~1982)—传记 Ⅳ. ①K825.78

中国版本图书馆CIP数据核字(2015)第296566号

上党戏魂郭金顺

执　　笔：赵魁元　　张保福
责任编辑：吕绘元
装帧设计：景潮设计

出 版 者：山西出版传媒集团·山西人民出版社
地　　址：太原市建设南路21号
邮　　编：030012
发行营销：0351-4922220　4955996　4956039　4922127（传真）
天猫官网：http://sxrmcbs.tmall.com　　电话：0351-4922159
E-mail：　sxskcb@163.com　发行部
　　　　　sxskcb@126.com　总编室
网　　址：www.sxskcb.com

经 销 者：山西出版传媒集团·山西人民出版社
承 印 厂：山西智慧景潮包装印刷有限公司

开　　本：787mm×1092mm　　1/16
印　　张：19.5
字　　数：210千字
印　　数：1-3000册
版　　次：2015年12月　第1版
印　　次：2015年12月　第1次印刷
书　　号：ISBN 978-7-203-09417-3
定　　价：56.00元

如有印装质量问题请与本社联系调换

谨以此书纪念郭金顺先生

诞辰一百周年

郭金顺

（1915—1982）

山西省长治专区赴京汇报演出团天安门广场留念（1956年）

《秦香莲》剧照，郭金顺饰演陈世美，吴婉芝饰演秦香莲（1979 年）

希望：郭金顺与吴国华（左）合影（1979年）

国务院副总理李先念在国务院小礼堂接见《三关排宴》演员（1962年）

《三关排宴》剧照，郭金顺饰演杨四郎（1962年）

《上党戏魂郭金顺》序

书画家·原山西省文联主席　李才旺

今年是山西省上党梆子表演艺术家郭金顺先生诞辰一百周年。为此，作为郭金顺同乡的赵魁元、张保福同志为之写了一本专著《上党戏魂郭金顺》，请我为之作序。我和保福是山西大学历史系同班同学，又都是晋东南同乡，从小看家乡戏上党梆子，在戏里辨忠奸，在戏里析善恶，在戏里哭着笑着挥洒着爱与恨的泪水，在戏台边学着走上了人生大舞台。参加工作后又在原晋东南地委宣传部工作多年，因而和上党梆子及其代表人物郭金顺有一种扯不断、解不开的情缘。所以，老同学的求序实在难以推却。

我的家乡上党地区是中国古代文明的发祥地之一，它东控殷墟，西扼平阳，南通汴洛，表里山河，形势险要。诚如唐代诗人杜牧所言，"上党之地肘京洛而履蒲津，倚太行而跨河朔"，"为天下之脊"。其富饶的土地、灿烂的文化是地方戏剧产生和发展的丰厚土壤，而粗犷豪迈、激越奔放的上党梆子便是在这块土地上哺育和锤炼出来的。

上党梆子是山西四大梆子之一，因流行于山西省东南部古称上党郡的地区而得名。它是最具上党地方文化特色的一种艺术形式，是山西省乃至全国优秀传统文化的重要组成部分，历史悠久，流传广泛，是文艺百花园中的一朵奇葩，是首批国家级非物质文化遗产保护项目。上党梆子在长期的演进中，已经成为晋东南地域文化最为突出的代表，是晋东南地区民俗风情、人文传承的艺术反映和厚重的文化积淀。它乐曲高亢、激越、豪放，唱腔融昆、梆、罗、卷、黄为一体，具有韩赵文化气质的侠骨柔肠，渗透着上党文化的血脉，体现出太行艺术的神韵，气指苍穹，响遏行云，是凝聚在上党人民骨子里的生命之声，其间涌动着一股勃发向上的生命质感，既有地方风采，又富有时代特色，具有极高的艺术价值，展示着民族的艺术魅力，是太行山区最具华彩的艺术宝藏。

上党梆子，根在上党，源在泽州，魂在金顺。郭金顺作为上党梆子戏王赵清海之高徒、上党梆子的代表人物，并发现、培养了上党梆子另一代表人物吴婉芝，是这一剧种出类拔萃的精英、巨擘和艺术大师，也是地方戏曲艺术彪炳史册的一代翘楚和巨塔丰碑。虽寂寞在史册中，却活在人们心上。他生于军阀混战的嘈嘈乱世，长于日寇侵略的血雨腥风，成长于解放战争的隆隆炮火，后来又经历了一系列政治运动，无论是人生顺境还是逆境，他都是像泰山青松一样矗立，郁郁葱葱地承接着天露，沐浴着春风。

他十岁学艺，十四岁成名，驰骋上党剧坛，稳执剧坛牛耳五十多年，艰难困苦，玉汝于成。他那亦庄亦谐、细致入微、一招一式皆动心、一颦一蹙总关情的表演，他那高亢激越、韵味十足、极富诗意、声声裂心、句句含情的唱腔，与人丝丝入扣、珠联璧合的默契，把舞台人物塑造得栩栩如生、光彩照人，令人折服叫绝。他以深厚的传统根基和广阔的艺术视野，赋予上党梆子以新的生命力。他表演细腻，做工讲究，身材魁梧，扮相威猛，大气美观。他的架子之大方，做功之稳练，皆为一时之俊。他处处讲圆，着着讲稳，形如太极。他的膀子功平稳浑圆，有筋节，有交代，活脱脱膀上有眼。他的脚步功夫，如兜、扯、搭、盖、转身、垫步等，步步准确，处处真着，真是步下有眼。他的把子功夫，无论是主动的削、剁、刺、打，还是被动的接、递、披、推，一招一式，信乎手里有眼。其亮相，稳、准、脆。未亮之时，不慌不忙；将至收式，部位摆准；收式亮相，屹然如铸。其做功之妙，断非他伶所敢望其项背。他的嗓音洪亮，神完气足，音甜韵美，回味绵长。他的唱腔千锤百炼，铿锵入耳。放开则高亢激越，声震屋宇；收敛则轻柔舒缓，行云流水。演唱中依腔行韵，处处声情并茂，令人心醉，受人热捧。特别是他在表演中善于把握和表现角色复杂细腻的心理活动，把人物刻画得惟妙惟肖，气韵生动，感人至深。他对人物的把握和表演精彩到位，唱、念、做、打形神俱佳，几乎达到了出神入化的地步。郭金顺从艺五十多年，塑造了一大批性格迥异、呼之欲出的艺术形象，为我们留下了一大批受观众普遍好评的艺术精品，如上党梆子《赏花楼》中的柴荣、《乾坤带》中的杨八郎、《挂龙灯》中的赵匡胤、《三关排宴》中的杨四郎，上党昆曲《长生殿》中的唐明皇，上党皮黄《打金枝》中的唐代宗、《清河桥》中的楚庄王、《东门会》中的陈文子等。他的表演可使人哭,能使人笑,能使人怒发冲冠,能使人惊魂欲绝,能使观众叫绝之声撼天动地。他的高超技艺留在了历史天空,穿越岁月时空,至今仍然在熠熠生辉,光彩夺目,具有经久不衰的生命力。

郭金顺的表演艺术,在他那个时代(20世纪40年代至20世纪80年代)是走在前面的,是领军人物,也是充满时代精神的。即便在今天,他的示范性、启发性依然存在。他以超凡的胆识和独特的表现手法,在前人筚路蓝缕的构意中奋力走出了一条新路,为上党梆子的勃然兴起书写了一部昂扬的时代画卷,使上党梆子这一古老的剧种在几经兴衰沉浮后锋芒难掩,再次赢来了一份艺术的震撼与升华,赋予了鲜活的艺术生命,给人以极大的审美愉悦。他的人生迸发出了强大的生命光焰,他的演出影响了千千万万的观众。在半个多世纪的舞台生涯中,郭金顺不仅为人们塑造了许多丰富生动的艺术形象,而且作为几十年一以贯之的剧团团长,带领自己的团队走南闯北,把上党梆子演到了银幕上,演到了国务院和中南海,大大扩大了上党梆子的知名度,将上党梆子融入了中华戏剧的大舞台,丰富了上党戏的表现力。这是晋东南人民的骄傲,也是山西人民的骄傲。

他那酷爱艺术、勤学苦练的敬业精神,勇于创新、善于开拓的非凡胆识,毫不利己、专门利人的高尚品格,精心育人、无私奉献的崇高境界,正是我们这个时代的正能量。他的人格魅力、从艺精神,是我们永远取之不尽的精神财富,学习他这种精神，对于弘扬民族文化，发展上党梆子艺术，促进戏剧事业的繁荣发展有着十分重要的意义。

但是，近年来由于市场经济的发展，影视的冲击，现代生活节奏的加快，年轻观众对戏剧的疏远，曾经几度辉煌的戏剧事业渐趋低谷，一代戏魂郭金顺已在人们的视线中渐行渐远，甚至慢慢被人遗忘。如今看过他演出的人已寥若晨星，连知道他的人也越来越少了，令人扼腕叹息！

中国近百年来的世事变迁，让人目不暇接，而那些有意无意消失的东西也越来越多，如国家的非物质文化遗产，如不着意保护和传承，便有灭绝的危险。对此，我的老同学为之痛心疾首，敢于担当，以"门外汉"的身份为郭金顺这位戏剧艺术大师立传。正所谓"大雅久不作，世态秋云薄。落落今古间，旷焉谁与托?"作者往返奔波于晋城、高平、长治之间，寻觅郭金顺生前岁月的痕迹和舞台的遗韵，搜集其散落在广大城乡的记忆，仔细梳理其飘逸的神采和高情远韵，费尽全力抢救郭金顺大师的哪怕是一鳞半爪的逸闻逸事，认真探究其艺术之路，考察其艺术追求，然后"尽取江山锦绣句，呕心沥血入奚囊"，展笺疾书，奋笔成章。本书以编年的体例，传记的笔法，追忆和缅怀了郭金顺大师的艺术生涯。作者以严谨的写作态度，独特的艺术手法，丰富的素材，质朴而抒情的格调重现了艺术大师当年演艺的历史印记，传递了时光的韵味和历史的回响，再现了一代戏魂风流蕴藉的一生，充分展示了艺术大师的气度和风范，一字一句皆抉心呕成，读来如闻其声，如见其人。本书行文的自然与从容，笔法的白描与平实，情感的真挚与深沉，让人随之喜怒哀乐，或掩卷而叹，或拍案叫绝，或掩面而泣，情不自禁地为郭金顺的德艺双馨所折服、所慨叹。本书还穿插了不少逸闻趣事，信笔所至，洒脱不羁，于中可见大师生活的艰辛、道路的坎坷、极佳的艺术境界以及极高的道德情操和人格魅力。

说不尽的郭金顺，学不尽的郭金顺。郭金顺的一生是戏剧艺术的一生，舞台是他广阔的天空，戏园是他的澎湃汪洋。对于郭金顺来说，戏是历史、是人生、是社会，人间不能没有戏，百姓不能没有戏。戏剧代表了一方水土的人情世故，戏剧是一种综合各种门类的集大成的艺术形式，没有任何一种艺术能像戏剧那样具有真正意义上的大众化。但是，在21世纪的今天，随着现代化进程的推进，各种文化思想互相激荡，声光电化的艺术形式为人们提供着五彩缤纷、自由选择的广阔天地，戏剧面临着挑战，更面临着机遇。习近平总书记在文艺座谈会上的讲话中指出，文艺要弘扬中国精神，"要结合新的时代条件传承和弘扬中华优秀传统文化，传承和弘扬中华美学精神"。最近，国务院办公厅又印发了《关于支持戏曲传承发展的若干政策》，这对于上党梆子戏剧艺术的传承发展是一次新的发展机遇，也为我们营造了良好的文化生态环境。上党梆子艺术的生命植根于人民群众的沃土，它的艺术的影响力、辐射面在于有广阔的传播渠道和发展空间，它的发展离不开广大观众的支持。阅读《上党戏魂郭金顺》，就要像郭金顺那样走进群众，融入大众生活，躬亲人民，服务大众，才能真正成为人民的艺术。上党梆子艺术的传承革新之路历久弥新，上党梆子剧团的改革发展之路任重道远。我们要以习近平总书记在文艺座谈会上的讲话精神为指导，坚持"二为"方向、"双百"方针，以人民为中心，以社会主义核心价值观为引领，努力创作体现中华美学精神、具有民族风格和地方特色，无愧于伟大民族、伟大时代，为广大人民群众所喜闻乐见，有历史情怀又有时代感召，具有精湛水平的优秀剧目，使戏曲活起来、传下去、出精品、出名家，为建设社会主义强国，实现中华民族伟大复兴的中国梦而不懈奋斗！

前 言

　　戏曲，是中华民族艺术活动的主要形式，在中华民族灿烂的文化中占有独特的地位，是中国文化的载体之一。戏是历史、是人生、是社会。戏能昭日月、耀星辰，台上台下声声笑，台上台下滴滴泪。戏是中国人的追求，戏是中国人的抒发，戏是中国人的梦想。它博采众长，兼收并蓄，雅俗共赏，与时俱进。它吞吐天地，吟唱古今，上祭鬼神，下娱苍生，代表了一方水土的人情世故，是具有真正意义的大众化的文艺形式，是最为广大人民群众所喜闻乐见的最广泛的民族艺术形式，是构成中华民族性格内核的一笔财富。

　　上党梆子是流行于上党地区（潞泽辽沁四个府州）的一个古老的地方剧种，是山西省地方戏曲四大梆子之一，发源于古泽州，流传于山西省东南部的广大地区。清代官方称土戏，俗称大戏，它包括昆、梆、罗、卷、黄五种声腔，以梆子腔为主。晋南人称它东府戏，河南、山东、河北人称它为泽州调。1934年泽州艺人赴太原演出时，曾被命名上党宫调。1957年山西省举办第二届戏曲会演时，省政府统一省内大剧种之名，正式定为上党梆子。它是北方梆子腔系中光彩照人的一支，它既有"原生梆子"母体的共性，又有历史长河中赵清海、郭金顺、段二森、吴婉芝、吴国华、张爱珍、张保平、郭孝明等艺人在"音随地改""方言容腔"过程中个性创造的智慧。如今，上党梆子已被列入国家级非物质文化遗产。

　　上党梆子这一古老剧种，从诞生、成长、发展到成熟，经历了三个世纪的历程；到了近代和现代，出现了三个辉煌期：第一个辉煌期是20世纪30年代，领军人物是被称为戏王的赵清海。他以高亢自如、圆润婉转的唱腔和功夫过硬、变幻莫测的表演，把上党梆子的根深深扎在了太行人民的泥土之中。1934年和1935年，他在省城官员马骏、贾景德、郭象升、邱仰浚等人的倡导和帮助下，带领泽州和潞府艺人到省城太原演出，得到了用金字题写的"涵盖一切"的缎幛赞赏和"宫调泰斗"的美誉，从而奠定了他上党戏王的地位。由他亲手培育的徒弟郭金顺也初露锋芒，被赠予"后起之秀"的缎幛。第二个辉煌期是20世纪40至20世纪60年代，其领军人物则是上党梆子的戏魂郭金顺，他是赵清海的嫡传弟子，十岁开始学戏，十四岁便"初出茅庐，一鸣惊人"，被人们称作"小红生"。赵清海去世后，郭金顺一直是高平著名班社万亿班的领衔生，高平县朝阳剧团的副团长，长治专区（后改名晋东南专区，全书同）上党梆子剧团的团长。他以精湛的艺术和人格魅力受到了人们的赞扬，他的表演技艺和风格一直为上党梆子的灵魂。特别是20世纪60年代初，在著名作家赵树理亲自改编剧本并参与奔走下，郭金顺带领全团演职人员走出大山，走出娘子关，奔赴长春电影制片厂拍摄戏剧片，将《三关排宴》搬上银幕。回晋途中，还到国务院小礼堂演出，受到了周恩来总理，朱德委员长，李先念、乌兰夫、罗瑞卿三个副总理，包尔汉副委员长等中央领导的接见，并与之合影留念。从此，上党梆子日趋成熟，又迈上了一个新的台阶。第三个辉煌期是20世纪80年代以后，上党梆子沐浴着改革开放的阳光雨露，上党梆子在音乐和唱腔方面大胆改革创新，出现了划时代的进步，其突出代表是一批梨园新秀吴国华、张爱珍、张保平、郭孝明、陈素琴、杜建萍等，吴国华、张爱珍、张保平、陈素琴、杜建萍等五人还获得了中国戏剧界的最高奖项——梅花奖，将上党梆子推向了高潮和新的更大的辉煌。

上党梆子，根在上党，源在泽州，魂在金顺。郭金顺作为上党梆子出类拔萃的精英、戏剧大擘，"妆好、嗓好、人好"，既有先天优势，又有后天之人格魅力，承上启下，光前裕后，是一个关键性人物。他的行腔吐韵，他的身法路道，一招一式，唱、念、做、打，既上有师承，也开启未来，为后世所效法，为后人所传承，谓之上党戏魂，洵非虚言。

目　录

附　录

文化高平

戏曲摇篮

WENHUAGAOPING XIQUYAOLAN

文化高平 戏曲摇篮

上党梆子，根在上党，源在泽州。而高平是华夏文明发源地之一，有着悠久的历史。从旧石器时代发端，历经炎黄文化和夏、商、周数千年的演进，到战国时期已经形成了有别于其他地域文明的显著特征，是地方文化特色最为浓厚的地区之一。它是中原华夏民族与北方少数民族文化交汇的天然通道，是中原农耕经济与北方游牧经济冲撞对接的前沿阵地。其历史文化博大精深，兼容并蓄，内容丰富，底蕴深厚，品质高雅，特色鲜明。高平还是炎帝故乡，长平之战和高平之战的发生地，是古代根祖文化和战争文化的重要地区，所以上党梆子多唱杨家戏、岳家戏等爱国戏不是没有原因的。深沉厚重的文化底蕴和文化积淀，具有强大的生命力和感召力，是中国传统文化优秀成果的结晶，也为戏曲的发展提供了肥沃的土壤。

高平戏曲源远流长，素有"戏曲摇篮"之称，

许多专家学者说"高平是个戏窝子"。历朝历代歌舞、百戏、说唱、戏曲乃至民间社火杂陈,种类繁多。据专家考证,战国时期泽州地区便有了歌舞,三国时期已经有了阳阿奇舞,魏晋南北朝时期已有了参军戏。到了唐朝,被戏曲艺人尊为"梨园之祖"精擅音律的"老郎神"唐玄宗李隆基曾任潞州别驾,三巡上党,并在上党大搞乐舞活动,提倡乐舞改革,还集结艺术爱好者,吟诗作曲,习练歌舞,使乐舞成为唐朝艺术表演的主流。至宋代,泽州人孔三传首创诸宫调,对戏曲的形成产生了极大的影响。到了明代,明太祖第二十一子朱模于明洪武二十四年(1391)被封为沈王,明永乐六年(1408)就藩潞州。至崇祯十七年(1644),李自成起义军攻破潞安府,第九世沈王朱迥洪被掳走,不知所终。几代沈王在长治共达二百三十七年。那时的藩王不能干涉地方行政,只能"以诗酒声色自娱",他会把都城的各种时髦文化源源不断地输入潞州,对当地戏曲的发展也产生了很大影响。藩王被掳,王族逃走,王宫戏曲艺人流散民间,也促成了上党戏曲的形成和成长。至今在高平许多地方尚存有古时戏曲歌舞活动的遗迹。高平市王报村二郎庙内的兴建于金

高平市王报村金代戏台

大定二十五年(1185)的戏台至今已有八百多年的历史,是"中国现存时代最早的神庙戏台",证实了高平戏曲历史的久远和繁荣。现存于高平市开化寺的宋代壁画,绘于宋熙宁六

高平开化寺宋代壁画《乐舞图》

年至宋绍圣三年（1073—1096），其间便有舞乐，画的是双人对舞，并有乐队伴奏，两名舞伎翩翩起舞，十二名女乐伎各执乐器伴奏，画得十分精彩。说明在我国宋代已经出现了队戏和说唱的文化活动，是研究我国戏剧发展史的重要绘画资料。高平市河西镇西李门村二仙庙，初建于唐，重修于金正隆二年至金大定三年（1157—1163），在大殿前露台东侧须弥座镶石有线刻《宋金队戏图》，为金正隆二年（1157）刻石。队戏是乐户艺人为迎神赛社而搬演的节目，其图共有线刻人物十人，宽衣博袖，行进表演状。第一人双手捧上部剖作箧状的竹竿，引导艺人表演。第二、第三人为表演者，头上簪花，一人前臂举起，手藏在袖内。后七人为伴奏者，有男有女，所用乐器有杖鼓、笛、觱篥、拍板等。人物造型生动，线条准

确流畅，刻工刀法遒劲纤细，均出自当时高手，是宋代宫廷乐队之写真。另外，在露台南边须弥座镶石有线刻《金人巾舞图》，为金正隆三年（1158）三月刻石。《金人巾舞图》共有六个人物：右一坐者右手持碗正在观赏；左一和右二为伴奏者；其余三个舞者二人持巾，一人做鼓掌状。他们的发辫垂于脑后，浓眉大眼，络腮胡子，显系女真族人。这两块刻石，应为宋金北方汉人与少数民族自娱娱人的真实写照。在高平，村村有庙，有舞台。有的大村，一个村有好几个舞台，为数众多的乐棚、露台舞庭、乐亭等演出场所举不胜举。无数事实说明，包括高平在内的泽州大地曾经是宋金元歌舞戏曲活动繁盛的地方。明清期间，乐户艺人曾经在这里搬演了"音乐歌唱、队伍曲破、队戏、宋金杂剧院本、元杂剧、明代杂剧和传奇"。上党梆子正是在如此繁荣昌盛的戏曲土地上，融汇当地历史悠久的傩舞、队戏、乐户戏、八音会以及众多的民间迎神赛社艺术形式，并在此基础上吸收外来戏曲诸如昆曲、弋阳腔、罗腔、卷戏、西皮、二黄、琴腔等成分而产生的。上党梆子产生之后，便向综合性的大型剧种发展，日臻完善和成熟起来，逐步有了自己的班社，形成了善演朝代事之大戏，与本地秧歌小戏相区别，登上了大雅之堂。

上党梆子在长期的演进中，已经成为晋东南地域文化的突出代表，成为当地民俗风情、人文传承的艺术反映。它乐曲高亢、激越、豪放，融昆、梆、罗、卷、黄为一体，剧目多以忠奸斗争和爱国主义为题材。它博大精深，贯穿古今，华丽气派，魅力非凡。它集音乐、文学、表演、服装、舞美于一身，是经几十代艺人精心雕琢的经典剧种，理所当然地受到了当地人民的喜爱。而在高平这个

高平市西李门村二仙庙《宋金队戏图》

独特的地域环境中，深厚的文化底蕴和文化积淀更是上党戏曲产生与发展的沃土。这些居于人类根祖炎黄故乡和曾上演过长平之战古战场的人们，对于戏曲更是如醉如痴，几乎村村庄庄都有自己的舞台。人们不仅在这里春祈秋报，为神灵上演精彩的大戏，而且也给自己带来欢快，怡神亦怡人。一村唱戏，十里八庄的乡邻都会蜂拥而至，这已经成为当地人民永远品不够的精神食粮，亦使亲情友情得到充分的展示，信息得到了传播，朴素的文化魅力得以彰显。在高平唱戏的由头很多，村里有庙会要唱戏，元宵节要唱迎春戏，粮食丰收了要唱秋报戏以谢神，村里有什么工程开工、完工要唱庆祝戏，村里有什么大事要唱贺喜戏。有的甚至连结婚、孩子做满月、老人做寿都要唱几天戏。在高平也有很多戏迷，他们对戏曲，无论是梆子、落子、秧歌，都十分精通，哪一本戏要出几件蟒袍、几身大靠，都一清二楚；哪一本戏有几个红生，哪一本戏生、旦、净、末、丑俱全，热闹好看；哪一本戏文唱武打全有，看了过气，全都在行。如果演出时，哪个角色穿错了行头，唱错了台词，便会往台上扔石头，以示警告。不少观众甚至连什么"一马三箭"紧板慢板、四六腔、中四六、靠山红等曲谱亦如数家珍，丝毫瞒不过观众的眼睛。

高平市西李门村二仙庙《金人巾舞图》

高平人不仅爱看戏，而且还爱演戏、行戏。在高平，不少村庄都有自己的戏班，有条件的大村有大戏（上党梆子）戏班，有的有胡胡戏（落子）戏班，有的则有高平秧歌班社。即便办不起戏班的，也要搞个八音会、自乐班，唱围鼓戏。农村中人们乔迁新居、结婚送洞房都要唱本村的围鼓戏。有时为了祭祀敬神，几个村社还联合起来，粉墨登台，表演队戏、琴戏和院本戏。据有关资料记载，高平1945年尚有上党梆子业余班社三十多个，至20世纪50年代，全县农村有业余剧团八十余个，其中以上党梆子为主。20世纪80年代，领有演出证的业余剧团尚有十八个。高平上党梆子戏班最早的是永顺班，为河西镇苏庄村贾家兴办，被公认为"上八班"。周围各县凡遇大庙会和祭祀活动，都以能聘到永顺班演出为荣。著名演员有驰名泽州的双炉（生角）、郎不香（须生兼净角）。民国初，贾家衰败，班社卖给城南邵五则、邵金孩两兄弟，邵五则兴永顺班，邵金孩兴常乐班。永顺班历久不衰。邵五则去世后，其妻继之，成为有名的戏班女东家。郭金顺十岁即随父进该班学艺，开始了戏曲艺术生涯。直到1937年，因日本侵华，班社解散。驰名上党的聚魁班，坐地称雄数十年，从清道光七年（1827）就有演出记载。三乐意班，1913年由高平县马村镇东宅村的李甲五、李五德聘请上党梆子泰斗赵清海三人合伙兴办，定名为三乐意班。行头由村上原来南北头两副小戏箱做基础，打制新箱，添买蟒靠。该戏班俗称"东宅戏"，主要演员有须生赵清海、曹二土、薛补之、廉明昌，及人称"小红生"的郭金顺；旦角有赵永年（狗不吃）、郭宝松（横河旦）、王东则、郭随昌等；大净有吴大路、李来孩、李小锁等；二净有马高升、赵德俊（金圪塔）等；丑角有韦小会、吴来成等；小生有李不旦、曹月孩、李喜孩、小双喜等。鼓师是张发元、丁白圪塔，琴师是米春锁、刘元枝。真是名角云集，盛况空前。主要剧目有《雁门关》《乾坤带》《金沙滩》《九龙峪》《昊天塔》《五绝阵》《忠节义》《天门阵》《赏花楼》《清河桥》《八卦阵》《黄河阵》《战宛城》《柳春院》《岐山脚》《一捧雪》《打金枝》《五丈原》等。

三乐意班以精湛的表演赢得观众，名震上党，群众称颂说："东宅三乐意，看了出火气，宁可三天不吃饭，舍不得误了一场戏。"闹得有很长一段时间其他班社不敢到东宅村唱戏，说去东宅唱得再好也是给三乐意"背包"，东宅人看戏多了，你还没有出场，他就知道要唱什么，连一点儿小毛病也不敢出。

万亿班，1929年由伞盖村公益班组建而成，由靖居村富户康景宜兴办。20世纪30年代末，邀焦朝润当掌班后，置办好行头，挑选好剧目，聘来好演员，并改善管理，从而使剧团进入鼎盛时期，一跃成为上党地区影响最大的戏班。

1945年高平解放后，当年县政府在围城村集训万亿班演员；1946年春，以万亿班为基础组建而成高平县朝阳剧团。

高平县朝阳剧团组建后，由王连生担任团长，牛成功（即牛刚）任指导员，郭金顺为分管业务的副团长。1954年，长治专署将朝阳剧团上调专区，与太南胜利剧团部分人员组建而成长治专区人

民剧团第一分团。

　　高平朝阳剧团上调专署之后，高平县政府又以回山村工农剧团和三甲工农剧团为主，分别组建了新光剧团（梆子）和新建剧团（落子）。1964年7月，又将两团合并为人民剧团。1977年，由高平县青年文艺培训班毕业的张爱珍、袁金叶、张庆春等人分配到团，实力大增，名闻三晋。由刘喜科、袁金叶主演的《秦香莲》，张爱珍、王腊英主演的《梁山伯与祝英台》，曾数年在长治一带不断场。1981年演出的《大祭桩》《忠烈千秋》由省电台录音，袁金叶、许明花被评为一、二级优秀演员。先后创作、移植、演出了《大祭桩》《梨花沟》《小二黑结婚》《双凤冤》《皮秀英打虎》等五十多个节目，涌现出了张爱珍、张庆春、袁金叶、庞改花、陈素琴、郭小梅等一批优秀演员，分别获得山西省杏花奖、红旗奖金奖，晋城市主演金牌奖、银牌奖。至1987年，高平县上党梆子剧团又有张爱珍、侯聪悟等一批人上调晋城市上党梆子青年团，张爱珍的唱腔被人们称为"爱珍腔"，形成了新的流派，并于1991年应邀到中南海演出。这是上党梆子第二次到中南海演出，荣获第九届中国戏剧梅花奖。在上党梆子的第三个辉煌期，晋城市共有五个人获得中国戏剧最高奖项——梅花奖，其中便有四个半人是高平人，吴国华、张爱珍、陈素琴是高平人。2015年5月19日，高平市上党梆子剧团的杜建萍又获得第二十七届中国戏剧梅花奖，也是高平人。张保平虽然是沁水人，但他是吴国华的夫婿，一个女婿半个儿，说半个高平人恐也不为过。

　　作为有戏剧传统的高平，人们不仅喜欢上党梆子，而且迷恋上党落子。上党落子原本为黎城大落，遍及潞府八县和原泽州府所属五县，而如今在泽州则是一枝独秀高平。不仅县里有专演落子的新建剧团，境内还有三甲南、勾要、南杨、下马游、西诗村等业余落子剧团。一到年关，高平城里上党落子和上党梆子总要唱几天对台戏，一是看回山的"砂锅戏"（指回山的上党梆子戏，回山一带盛产砂锅，故称），二是看三甲的"铁锅戏"（指三甲的上党落子戏，三甲是炼铁之地，产铁锅，故称）。同在大礼堂，先看梆子的《皮秀英打虎》，再看落子的《茶瓶计》，人们甜滋滋地说："那真叫一个美呀。"足见人们对戏曲的喜爱。在落子团也确实涌现出了像邵东娇、吴改翠、王改花、袁民花等一批优秀演员。直到现在，高平人的这种落子情结仍然未减。不少乡村每年正月仍自行组织唱唱落子和高平秧歌。县里的落子和梆子剧团合并了，市老促会又组织了高平市上党落子剧团，有的退休老艺人和戏校毕业生又组成民营落子剧团，下乡为群众演出，深受人们欢迎。

高平还有一种本地土生土长的剧种高平秧歌。它起源于高平东南乡，流行于清代泽州府属各县，又有州五秧歌、州腔秧歌之称。高平秧歌形成于清乾隆年间（1736—1795），距今已有三百多年的历史。由于唱时只击梆板，不配管弦，故又有干板秧歌之称。1981年4月在山西省戏曲剧种学术研讨论会上才将高平秧歌统一定名为泽州秧歌。高平人喜欢高平秧歌已经到了痴迷的程度，清同治年间（1862—1874），秧歌班社遍及全县，多达一百多个，唱秧歌已到了影响生产的地步，以至于耕耘收获时亦不止。清同治六年（1867），知县龙汝霖严禁之。高平秧歌以演唱家庭生活为多，深受群众特别是妇女喜欢，民间有"热圪塔秧歌冷台子戏"的说法。有家庭戏如《小姑贤》《打棒槌》《鞭打芦花》《打酸枣》《路遇》等，有公案戏如

《蝴蝶杯》《混冤案》《洗衣记》《三滴血》等，有历史戏如《天齐庙》《岳飞传》《白玉杯》《三江口》《武家坡》《木兰从军》等，有爱情戏如《粉妆楼》《牡丹亭》《红罗山》《打油堂断》《坐山吵窑》等，有神话戏如《转云山》《天河配》《蜃中楼》《白蛇传》等，有现代戏如《白毛女》《血染口子里》《刘胡兰》《王贵与李香香》《王和尚卖妻》《小二黑结婚》《社长的女儿》等，特别是赵树理的《开渠》就是为高平秧歌写的，曾发表于《人民文学》杂志。高平秧歌最出名的班社有井则沟秧歌、丁壁秧歌、米山秧歌、河底秧歌、柳树底秧歌、石末秧歌、孝义秧歌、寨平秧歌等。还涌现出了一批叫响一方的红人，如吴婉芝、李冬莲、邵东娇、王连生、侯全胜、许来秀、高王生、许新有等名角都是唱秧歌走红成名后进入梆子剧团的。

高平人不仅好看戏、演戏，而且还能编剧、写戏。高平秧歌许多剧本都是由农村剧作家所编，所以土色土香、上口上心。曾当过高平县朝阳剧团团长、晋东南专区上党梆子剧团党支部书记的王连生，连县里的区长放弃不当也要从事戏剧事业。他亲自编剧的连台本《胡月凤》《秀莲图》曾轰动山西、河南。张爱珍的哥哥冯来生原是学校教师，却成了上党梆子著名的音乐唱腔设计者。张爱珍的"爱珍腔"，其形成与冯来生的努力有关，自是功不可没。

人说"高平是个戏窝子"，确非虚言。戏窝子里出名角更毋庸置疑，上党戏魂郭金顺的产生绝非偶然。正是有了这么浓厚的文化底蕴和戏曲土壤，才有了一大批上党梆子艺术人才。上党戏魂郭金顺的产生离不开这块土壤和诸多名角的烘托，他只是他们的代表者，是他们中的集大成者。

苦难童年

梨园青春

KUNANTONGNIAN LIYUANQINGCHUN

苦难童年 梨园青春

1915年10月25日，农历九月十七日，正是金秋季节硕果累累的丰收时刻，一位上党梆子巨擘在山西省高平县王何村呱呱坠地。

这里是两千多年前秦赵长平之战的古战场。

公元前260年，秦国将军白起率军大举进攻赵国的长平，而赵国迎战的却是刚接替名将廉颇、新上任的只会纸上谈兵的赵括，结果赵军全军覆没，被白起坑杀四十多万人。这场战争是春秋战国时期一次持续时间最长、规模最大亦最惨烈的战争。其尸骨堆山，血流漂杵，天地为愁，草木悲凄，往往鬼哭，天阴则闻。郭金顺的诞生地王何一带正是这场战争的主战场之一。这里的许多地名都与这场战争有关。如围城村，是赵括死搬"置之死地而后生"的兵书条条，安营扎寨，困兽犹斗，被秦军围困一个多月的地方。寄甲院，是冲出重围的赵军，在溃逃时丢盔弃甲之处。王降，是赵军被秦军围困、被

迫投降之地。王何位于现高平市城北四公里，长平大战时，从围城、寄甲院突围过来的赵军刚冲至王何村西，又被埋伏的秦军堵住去路，赵军拼命冲杀都无法突破，又扭头往回跑，行至丹河岸边，又被追杀过来的秦军截住，弄得前进不能，后退不得，绕来绕去，不知何去何从。当地百姓也为赵军（王师）担忧，互相询问："王师如之何？"意思是咱们的军队该怎么办？后人便把这里称作王何。

山地无言。两千多年前韩赵故地的气韵，透着隐约的熟悉。这些安静的山和水，就像风中蓦然回首的女子，虽不华丽，但丰富、内敛，充满着灵性和让人心安的意味，暗含着无法言说的期待。

王何这个小村虽然离县城不到十里，但却远离了城市的喧嚣，幽静而闭塞，古老而贫困。古战场的惨烈和苦难也孕育了郭金顺的风骨、率真、豪爽、达观。在这个贫穷落后的地方，脸上布满一道道皱纹的父老乡亲们日出而作、日落而息，苦难、艰辛，充满了无尽的叹息与无奈，差不多每户人家都盼望自己的儿女在将来的某一天能够离开这里，到外面闯荡世界，甚至谋个一官半职，光宗耀祖。这块风姿绰约的土地，生机勃勃，众多的梁峁上和沟壑里，生长着树木和庄稼，那样的丰富，从来不甘寂寞，隐秘而美丽。丹河从北而南缓缓而来，安详而平静，仿佛一个人在低头散步。丹河经过王何，两岸飘散的河流气息，永远地留在了郭金顺的记忆之中，沉淀在他的心底。路上娇嫩的小草自由自在地迎着阳光和风雨，满不在乎地茁壮生长。街道、房屋一律泛着青，那是青苔的痕迹，雨水的痕迹，也是时间的痕迹。牛马、鸡狗、粮禾、炊烟、唢呐、二胡、朝代、战争、爱恨，无穷无尽的事物肆意地张扬，谁都不肯低头。树木在天地哺育中按自己的意志自然舒展，风儿吹来发出哗哗的声响，还有蝉鸣、鸟叫、人们的劳作声，无不生动地在村庄上空交织。燕子成群结队地在树上、梁间呢喃，不知是在叫春天，还是在呼唤爱情。天上浮云似白衣，俄顷变幻如苍狗。人们年年月月日日贪婪地吮吸着黄土地的营养，不断地壮大着自己，成为一个个英武的汉子或者风情万种的美女。

郭金顺就出身于这样一个村庄里的梨园世家。郭金顺祖上世代为农，直到他的祖父才进入戏剧行当，专为戏班做水纱。所谓水纱，就是戏装上演员罩在头上的黑色纱巾，易脏易破，而演出时又必须保持白净整洁。一件好的戏装，往往要换很多水纱。他祖父水纱做得好，信誉高，又服务周到，晋城、高平一带的戏班，经常请他去做，十分惯熟。郭金顺的父亲郭生生，从小生得模样好，身材好，因常跟父亲去戏班送水纱，从小对唱戏就十分着迷。懂事后便央求父亲送他去学戏，学唱旦角，在当地也小有名气。

除祖父、祖母、父亲、母亲之外，郭金顺上面还有一个姐姐，随着郭金顺的降生，家里添了男丁，全家人自是欣喜若狂，说不上来有多高兴，为他起名应昌，小名金顺，寓意繁荣昌盛、万事如意顺畅。但人们习惯叫其金顺，应昌一名反而知之甚少。听金顺祖父说，早先有个阴阳先生来村里给人看风水，见他家祖坟依山傍水，藏风聚气，龙虎高耸，水口重重，且明堂高大，宾主相迎，既富且贵，将来家中肯定会出大官（不料被他言中，但不是人间大官，而是戏台上的皇帝）。如今郭家生了这么一个宁馨儿，眉清目秀，天庭饱满，地阁方圆，一脸官像，人见人夸，人见人爱，自是喜不自胜，连做梦都会被笑醒。还在小金顺牙牙学语时，他祖母便经常抱着他，给他讲这是蟒袍，这是官衣，这是开氅，这是箭衣，这是披

风，这是蟒靠等，所以金顺从小认知世界的第一件事就是戏衣。年龄稍大一点，他每天听到的则是父亲吊嗓子、念道白、唱戏文的声音，从小耳濡目染，对戏曲有了更加直接的感受。俗话说："门里出身，自会三分。"郭金顺生活在这样的环境中，整日受着这样的熏陶，从小对上党梆子便极其喜欢和热爱。

可是现实毕竟是残酷的，作为一个梨园世家，仅靠祖父手艺和父亲唱戏所得微薄收入度日，生活非常拮据。后来，祖父、祖母相继去世，父亲整日在外唱戏，受班主盘剥，每台戏只赚得七百铜钱，以这样的收入供养一家四口人的生活，度日艰难。所以，郭金顺的童年，既没有幼儿园"排座座，吃果果"的甜美，更没有"巧克力的房子，面包的床"之童话世界的浪漫。父亲整日跟着戏剧班社在外奔忙，一年四季不沾家，才五六岁的他便自食其力，跟着母亲下地干活，跟着姐姐采桑叶、拔野菜、喂猪、放羊、拾焦炭，什么营生都干。他的童年大半是在山上、河边、田间度过的。更为不幸的是他母亲得了阴疮病，背部、腿部红肿溃烂，灼热疼痛，奇痒无比，疼痛难忍，行走困难。可是因为家里穷，请不起医生，听人说，有种野草"狗蛋叶"能治这种病，姐弟二人便上山采来给母亲煎了喝。好在天无绝人之路，经过一段时间的治疗，母亲的病竟奇迹般地好了。

当然，郭金顺也有高兴的日子。王何村虽贫困，但有山有水，绿水青山，蓝天白云，给了他许多美的感受。大自然的各种声响陶冶着他的听觉，远的、近的、细微的、宏大的，蛙鸣、蝉叫、山鸣风吼，大自然的天籁之音是多么丰富奇妙啊！

郭金顺生活的环境，不是学校的课堂，而是广阔的田野。他从小就与大自然有着最和谐的默契。村子里耍耍乐、拌故事、哼唱民间小调常使他流连忘返。村子里及其附近村庄唱秧歌演大戏，他更是场场不误。他也从农民伯伯婶婶那里学会了不少古老的民歌，闲着时经常戏不离口，眼里常常噙着泪花。

生活的重担，使郭金顺过早地尝到了人世间的酸甜苦辣。但是，厄运并非都是坏事，苦难何尝不是一笔精神财富！郭金顺不缺少生活的苦涩，可他又不甘于生活的单调和寂寞，他在干活时总是哼唱着父亲教给他的戏文和乡亲父老们教给他的歌：

> 适才藩王对我言，母亲领兵到阵前。
> 结发夫妻不能见，同胞手足不团圆。
> 上阵多亏呼丕显，宗保假败回营盘。
> 有心宋营把母探，无有令箭难出关。

《雁门关》

> 渔女上堂破口骂，你父子为何言不答。
> 他的诉状是真假，还劳千岁细盘查。

《徐公案》

郭金顺踏着田间小路，一蹦一跳地唱着，在空旷的田野里，他好像一只无忧无虑的小燕子，只有一个演员，也只有他一个观众。村里有的人说郭金顺的嗓音这么好，唱得这么动听，长大以后肯定是个好演员，也有人说他家祖坟上风水好，将来说不定要出大官。事实上金顺并没有踏上仕途，因为家里穷得念不起书，还是现实一

点走父亲的路，在梨园里踏出一片田地来。

郭金顺从小受父亲的熏陶和大自然的感染，大自然的声响与他自己心灵的感应正是他戏剧的土壤，各种来自民间的音乐旋律，早已埋进郭金顺的心田。

从此，他迷上了戏剧，他觉得没有什么能比唱戏更能令人陶醉的了，只有戏剧才是多姿多彩的世界，是任思绪的小鸟自由飞翔的田地！它让人感受到悠悠岁月的流逝，让人们领略到变幻莫测的美景。他觉得，人类创造了语言，是因为需要理解；人们创造了戏剧，为的是情感的交流，同时也能抒发自己的情怀。

母亲病好之后，刚刚十岁的金顺便死磨硬缠着要求跟父亲去学唱戏，以便为家里减轻负担。

解放前，艺人地位十分低下，所谓王八戏子吹鼓手，那是下九流的营生，入不得祠堂，进不得祖坟，见人低一头。俗话说："马不落磨坊，人不落戏房。"一般的家庭，不到走投无路万不得已，是不让自己的孩子去学唱戏的。郭金顺的父亲是唱戏的，对于唱戏没有这种偏执和成见，加上家庭经济困难，父亲很快就答应了郭金顺的要求，并表示支持。俗话说："老阴阳，少戏子。"学戏必须趁少年。1924年，郭金顺便跟上父亲到高平长乐意班学戏。当时，郭金顺的父亲唱旦角，为普通演员。一个普通演员光靠演唱是顾不住生活的，郭金顺的父亲还兼保管头盔的业务。郭金顺刚进戏班，除学戏外还兼倒茶水（过去戏班叫卖茶，主要为班社盘火炉、烧开水，并给大把式倒茶水）。其父每台戏可赚七百铜钱，郭金顺只拿一百铜钱。就这，班主每唱十台戏还要从中扣一台戏的利润。那时候，官家还经常来班社"拉官戏"，就是分文不付，让戏班白白为他们唱戏。稍有意见或误了演期，不是吊打，就是禁止登台演出。万般无奈，父亲把郭金顺送到了长子南呈娃娃班去学戏，期望他学点艺道，将来熬成个好把式，以便养家糊口。谁知在那个世道，到哪里也是压迫剥削和虐待艺人，一天三顿稀米汤，还只能喝个半肚。郭金顺只在这个班住了三个月，什么本事也没学上，他父亲干脆把他叫回永顺班，下决心亲自培养孩子，希望他能早点成才，当个领觞生，亲自带一班戏。所谓领觞生，这是解放前上党梆子中的一种称谓。觞，读商，古代的一种酒杯。生，是指戏剧里的须生。何为领觞？原来上党梆子过去以须生为主，不论是《雁门关》《九龙峪》《柳春院》《夺秋魁》《巧缘案》《混冤案》《青廉传》，还是《东门会》《清河桥》《挂龙灯》，都必须有个好须生担任主角。过去的名演员赵清海、郭金顺、段二淼、段发荣、申灰驴、靳伯庐（靳白驴）、申银洞、曹二土等在剧坛最负盛名的大都是须生演员。一个班社，没有个像样的须生，就不敢出戏。这样，就形成了须生在班社的特殊地位。过去戏班在演出时，演出村庄或单位（如煤矿等）为了感谢班社的出色表演，都要备下酒宴慰劳一番。而领头举觞饮酒的，一定是本班社最出色的须生，故而有了领觞生之名。郭金顺从小就是个听话的孩子，父亲对他说："小时不学艺，长大不成器；台上一分钟，台下十年功。"他牢记心头，每天曲不离口，拳不离手，夏练三伏，冬练三九。他是把吃饭、睡觉的工夫都用在练功、练唱上面了。期望学到"万人头上逞英雄，两领席上亮本事"的真功夫，有朝一日也能"小锣一响，黄金万两"。但是随团学艺是非常辛苦的。三天一个台口，一个台口八场戏，俗称"三天两后响"。三天两头打行李、倒台口，风里来雨里去，不管下一个台口有多远，全凭两条

腿走路。戏箱和一切行李、道具靠骡马驮。特别是冬天，由于家贫做不起暖鞋，郭金顺的双脚冻得净裂子，血和肉粘在一起，踩一脚钻心地疼，而身上又衣单絮薄难以御寒。晚上睡觉也苦不堪言。由于常年在山庄窝铺演出，住宿条件很差，多是住在庙里，无炕无床，全是打地铺，地上铺上些干草或麦秸，每夜和神像做伴，加上门窗破烂，又多不糊纸，风刮得呼呼的有如狼吼。吃饭用的碗是办红白大事用的土瓷碗，筷子是用高粱箭梢截成的，和乞丐用的差不多。自古以来唱戏的地位低下，和老艺人在一起，郭金顺受传统观念的影响，习惯了世俗的鄙夷，也适应了这种简单粗陋的生活。

跟师父学戏，首先是要练功。戏曲界讲究"四功五法"，"四功"是唱、念、做、打，"五法"是口、眼、手、身、步。这是唱戏的基本功。作为演员，特别是徒弟，天不亮就要起床吊嗓子、练念白，往往是半夜之后才能睡觉，凌晨四五点就得起床，老百姓说唱戏人是"仓仓仓仓取仓取，半夜不睡五更起"。一年四季天天如此。师父讲："内练一口气，外练筋骨皮。"而唱功、念白，师父要求"千金念白四两唱"，练功多在野地的后塄跟，练功时间早晨在"冬六夏五"，有时还更早。由师父分行当进行带功，先以"阿""伊""呜"三字长音吊嗓子，后以出引、粉蝶儿、点腔、酒牌、昆曲、念白，再以二黄练唱。因为没有伴奏怕把不准调，所以早晨往往以二黄练唱。唱腔、念白，要求唇、齿、舌、喉取音要字正腔圆，发声用气要有底功。练念白嘴巴离墙一尺，要站立端庄，吐字不能把唾沫星子喷到墙上。即便是唇舌麻木，牙根酸困也得坚持，直到墙上没有一点儿湿点才行。紧接着是练做功和打功，进行基本功训练，踢腿、压腿、下腰、翻筋斗、虎跳、前翘、吊叉，由师父亲手辅把带功，最后是圆场功和台步练习。除了早晨的定时练功以外，白天有时也安排练功。地点多在演出所在村庄的打麦或打谷场上，练腰腿毯子功在土地上，练翻功依然是铺麦秸、豆秸、草料，练把子功用的是师父们在山上砍的楸木、洋槐木棒，或是赶会买下的镢把，这些圪栏棒子表面粗糙，但分量比舞台上用的刀枪道具重得多，手上经常磨出水泡血泡，长成老茧。练习腰、腿、翻功必须按师父规定的量化标准去做，站着踢腿一千次，每二百次转换，左右腿正、侧、斜各压五十次，踢腿踢到二百次时，师父就要检查看额头上是不是冒汗了，如果是偷懒没有出汗，不是拳打就是脚踢，因此再苦再累也不敢偷懒。那时候，郭金顺跟着戏班经常是早晨练功，上午排练，下午和晚上演戏。没有排练任务时，郭金顺就抽空练习把子功和架子功、手势、扇子等各种组合、打场（或叫起霸、马趟）等。就是这样勤学苦练，郭金顺才能练就一身硬功底，才能在后来的舞台上文唱武打，得心应手。

可是滔滔黄河九十九道弯，人生道路不平坦。正当小金顺坚持勤学苦练，功夫渐长进，深得师父和大家爱戴夸奖之时，却遇到了戏剧人生中男孩子最怕的倒仓期（变声期），他的嗓门突然变得高凉不入调，丧失了当演员的基本条件。

面对如此残酷的现实，郭金顺痛苦至极，其父母也为之落泪。俗话说："担担靠膀，唱戏靠嗓。"唱戏靠的是好嗓子，没了嗓子还怎么唱？但是郭金顺并没有灰心丧气，决不相信自己与唱戏无缘，他相信天无绝人之路，狂风暴雨随时有，顶过一阵出日头。现在不能唱了，他就又另谋他途，学打鼓板、拉巨琴，逐步掌握了上党梆子的器乐。然而他击乐不忘练声，又通过道白和呼吸练习喷口与丹

田之气。演出时拍着镲不忘看戏，细心观察他人的表演，听戏中每一句唱词和道白。功夫不负有心人，经过几年的磨炼，他终于学会了许多戏的戏路做派和台词，不是师教胜似师教。加之年龄的增长，无声无息地过了倒仓期，他的嗓音变得渐渐入调且洪亮甜美。这种难得的突变使郭金顺喜出望外，家里人也为之笑逐颜开，郭金顺终于盼来了艺术的春天。

初出茅庐

一鸣惊人

CHUCHUMAOLU YIMINGJINGREN

戏

初出茅庐 一鸣惊人

　　由于郭金顺奋发图强和勤学苦练，演技演艺很快有所长进，十三岁他便开始登台演唱，像《杀狗》《烧皂》等一些小戏已成了他的开台戏。班主看他唱戏还可以，便给他涨了工资，由原来每台一百铜钱一跃而为八百铜钱。工资的增加，改善了郭金顺的学徒生活。他想，再好好下几年工夫，练成个把式，当个领觞生，单独领上一班戏，不是名利双收吗？郭金顺的父亲也想，金顺若真能成个角儿，一来能照顾家里生活，二来也少受班主的气，自己也觉着光彩。为此他反复为郭金顺找名班、拜名师。1928年，郭金顺离开永顺班后，又到高平长乐意、三意班，再到高平三乐意班。当时的三乐意班，由赵清海掌班，又有薛补之、赵永年、郭宝松等。名角云集，誉满潞泽。为此，郭金顺的父亲托了高平三甲一位戏剧爱好者姬三明先生去找赵清海，请他做郭金顺的师父，拜师学艺。

　　赵清海（1881—1939），乳名赵群孩，陵川县杨寨村人。父亲是农民兼做煤窑工。赵清海幼年丧父，母亲改嫁，随母寄居于陵川县城北关，念过几年私塾，后返回原籍。

　　赵清海还在少年时就喜欢演戏，十三岁就到"讨吃班"学戏，十七八岁时已稍有名气。为了进一步深造，他又到陵川县著名班社庆云班（人称口头河戏），拜名艺人徐金虎为师，苦心学艺。开始饰小生，后又改须生，间亦饰花脸。成名之后，曾在三义班（皮妞戏）、鸣凤班（四义戏）等班社担任演员或掌班。中年以后，他和高平县东宅村人李甲五、李五德合伙兴办三乐意班，长期任掌班，使东宅戏驰名上党。

　　赵清海在上党梆子艺术造诣上千锤百炼，炉火纯青，成就辉煌。他对上党梆子昆、梆、罗、卷、黄五种声腔都有很深的造诣，无论唱、念、做、打都有独到之处，可谓上党梆子戏曲历史一位承前启后、继往开来的艺术家。他对生、旦、净、末、丑各种角色都有研究，演谁像谁，四路不挡。在四十多年的舞台生涯中，他塑造了许多丰富生动、栩栩如生的艺术形象。

　　在四十多年的舞台生涯中，赵清海以他卓越的艺术才能，受到了人民群众的深深爱戴。他的戏不仅名震上党，而且他还带领戏班闯豫北、上太原，受到了省内外观众的交口称赞。

　　赵清海不仅在表演艺术上精益求精，而且诲人不倦，注意培养人才。他见郭金顺聪明伶俐，唇红齿白，身材修长，相貌堂堂，十分喜欢，又让他试唱了几段戏，也很满意。他伯乐识马，慧眼识珠，认定郭金顺是块唱戏的好料，将来可成戏坛后继之才，当下便收他为徒，举行了收徒仪式。"身无彩凤双飞翼，心有灵犀一点通。"有了这样的名师指导，响鼓有了重锤来敲，从小便有戏剧灵性的郭金顺，从此真正步入了梦寐以求的艺术殿堂，戏路日日见长，技艺进步很快，斩关夺寨，一路走来，精诚所至，金石为开，很快便能登台演出，郭金顺少小成才了。

也是老天有眼，郭金顺有缘，1928年腊月初八，高平城内喉咽祠有个古会，这一天县里的戏班都要来这里敬神献戏。东宅的三乐意班也来唱戏，为了扩大影响，由赵清海唱压轴戏。赵清海是个诲人不倦、乐于奖掖后人的人，为了扶持郭金顺，他甘当人梯，主动提议要给郭金顺配一场戏，以包徒试演。戏班的人一听，连连摆手，说哪有师父给一个小孩子配戏的理。郭金顺吓坏了，连连磕头求饶，可是赵清海却说："戏角不分大小，演好了就会出彩，今天我演配角，能给小金顺捧捧场，有什么不好？"他又拉住郭金顺的手，鼓励他壮大胆子，像往常一样专心演戏，不要有什么顾虑。良师的这片苦心，使郭金顺感激涕零，他打消了恐惧心理，下决心要为师父争口气。

那天晚上，演出的是上党皮黄名剧《挂龙灯》，由郭金顺主演赵匡胤，赵清海配饰高怀德。该戏讲的是宋朝初年，赵匡胤即皇帝位，是为宋太祖。河北韩龙献来妹子素梅，封居桃花宫，韩龙为大理寺正卿。韩龙依仗妹妹为娘娘，上街夸官炫耀，被北平王郑子明所打。郑子明打了韩龙还不解气，又赶进宫院。赵匡胤酒醉听信韩龙之言斩了郑子明。赵匡胤的妹夫万里侯高怀德披挂上朝，逼赵匡胤杀韩龙。郑子明妻陶三春带兵反叛，赵匡胤求高怀德登城退兵。在城上，赵匡胤许诺对郑子明设醮追荐，封妻荫子，陶三春始退兵。《挂龙灯》是上党皮黄的传统剧目，是须生和武生的重头戏。当

《挂龙灯》剧照，郭金顺饰演高怀德

赵匡胤听信韩龙谗言，酒醉错斩了郑子明，郑子明之妻陶三春反叛，高怀德上殿与赵匡胤理论。一个义正词严，情绪激动；一个追悔莫及，理屈词穷。两人配合得天衣无缝，演绎得精彩绝伦。倾刻，场内欢声雷动，台下叫好声惊天动地。花生、核桃、馒头、烧饼像雪片一样飞上舞台，作为对演员的最好奖赏。演出获得了出人意料的成功。

"小红生！""小红生——"台下不知谁叫了一句，顷刻间山鸣谷应，响遏云间，台下一片"小红生"的喊叫。在上党地区，人们把戏中的须生叫胡子生，又叫红生，唱红的一般为好把式，郭金顺才十四鬈龄，演红生演得这么好，便美其名曰"小红生"。郭金顺从此一鸣惊人。"小红生"的艺名从此传遍太行，闻名上党。

郭金顺十四岁便成了名角，不免骄傲起来。赵清海看在眼里，急在心上，便想找机会教育他。有一次戏班又演《挂龙灯》，赵清海让郭金顺饰演高怀德，自己饰演赵匡胤，戏演到高潮时，赵清海通过一系列独到的表演和低沉悠远的唱腔，将一个追悔莫及、觉得无颜再见功臣而又要维护皇帝尊严，无法决断的帝王心态表现得淋漓尽致，细腻传神，恰到好处，使郭金顺佩服得五体投地，羞愧难当，从此才放下架子，虚心求教，扎扎实实地下功夫学起艺来。赵清海由此看出郭金顺聪明过人，有志气，日后定能成大器，因此不断给他施加压力。他要求金顺每一句唱腔、每一句台词，都必须做到"句句是金，字字如珠"。就是为了实现这八个字，郭金顺整天没日没夜刻苦练习，直到师父满意为止。与此同时，赵清海还教郭金顺要学会体会人物的性格、心理。作为一个演员，唱、念、做、打学好了，只是掌握了基本功，而最为重要的是，要认真分析戏中人物因其地位不同、环境不同、心情不同所应拥有的心态，然后通过不同的形式表现出来。这样才能避免千人一面，做到演谁像谁，绝不重复。你不能老凭自己嗓子好，丹田气足瞎叫喊，年轻有劲胡比画不行，演戏必须要演人物。凡是郭金顺将要演的角色，赵清海都要不厌其烦地为他讲戏，仔细为他分析人物，并亲自示范。正是由于师父诲人不倦，学生学而不厌，苦做苦练，加上郭金顺的聪明才智和对戏剧的悟性，学徒三年使之演技有了质的飞跃，学会了不少角色，像《清河桥》中的楚庄王，《挂龙灯》中的赵匡胤，杨家戏中的四郎、八郎等，都能表演得很到位。特别是师父为了锻炼他，经常让他演主角，自己当配角。谈起师父赵清海，郭金顺经常说："我这生所以能成名，唱好戏，主要是遇上了一位好师父，没有师父对

我的培养和教诲，便没有我的一切。"

1934年，上党梆子泽州艺员组织赴省城演出，这对郭金顺来说无疑是一次展示自己艺术才华的机会，也是开阔眼界、增长见识的机遇。

这次演出是晋城在并的一批同乡发起的，为首的是马骏。他是晋城东关人，回族，时任山西省禁毒委员会会长（抗战时期在敌后组织回民义勇队抗日，被俘后不屈牺牲），酷爱家乡戏曲，特别是上党大戏。他的提议受到了同乡贾景德、郭象升、邱仰浚等人的支持。贾景德是沁水县人，时任晋绥绥靖公署秘书长。郭象升也是晋城县人，是山西有名的学者和才子，时任山西省教育学院院长。邱仰浚是沁县人，时任山西省财经整理处主任。同为上党老乡，又有共同爱好和家乡观念，都想在省城看看家乡戏，扩大一下家乡戏的影响，几个人一拍即合，并立即付之行动。马骏派王弥高返晋城，请晋城县长卢伯雄（江西人）负责组织。卢伯雄与高平、阳城、陵川、沁水各县联系，通知原泽州府属五县的上党名伶于1934年正月初一到初五，在晋城东关马骏家集合。当时参加的艺人有赵群孩、郭金顺、刘丫头（刘雅斗）、靳白驴、申银洞、赵狗不吃、晋喜顺、郎喜全、赵德俊、陈宿太、阎小发（阎发生）等人，用的是票社文元寺俱乐部的戏箱。初五黑夜，在晋城东关土地庙公演了一场，初六日即乘王弥高带来的四辆汽车，直奔太原。

马骏等人在太原也做了周详的筹备工作。最头痛的是：剧种该叫什么？演出单位该叫什么？还有不少艺人用乳名，既不好听，也难登大雅之堂。怎么办？原来上党梆子无此名，人们习惯以大戏称之，这是相对秧歌小剧种而言的。到了太原，叫大戏显得不伦不类。郭象升说："宋朝泽州孔三传曾在汴梁首创诸宫调，就叫上党宫调吧！"于是演出单位便叫上党宫调泽州艺员赴并公演团。艺员们的名字几经推敲，近音选字改得雅一些，如赵群孩改为赵清海，刘丫头改为刘雅斗，靳白驴改为靳伯庐，赵狗不吃改为赵永年，阎小发改为阎发生等。广告在承庆园剧场门前贴出，并在报纸刊登，造成了一定声势。公演团抵并后，只休息了一天，就开始了公演。首演剧目是上党皮黄《佘塘关》，由赵清海饰杨衮，翟文全饰佘洪，赵永年饰佘赛花，阎发生饰杨继业。接着演出上党昆曲《长生殿》，由赵清海饰演唐玄宗，刘雅斗饰演杨贵妃。两出戏演出后，反响都不太强烈，使马骏等人感到担忧。后来由艺员自报拿手戏，从中选择适合大城市人们欣赏习惯的剧目，才使情况大为好转。如上党梆子《雁门关》中的杨八郎由赵清海、郭金顺、申银洞、靳伯庐各演一段，赵清海的《杀狗》，靳伯庐的《杀五营》，王小保的《五丈原》、《送印杀差》，李胡孩的《伐子都》，陈宿太的《杀四门》，晋喜顺、阎发生的《翠屏山》，郎喜全、阎发生的《跳花园》都受到了群众的热烈欢迎。原来只是夜场演出，后来又增加了日场。演出先在承庆园剧场，后期改在鸣盛楼，共演出二十多天、三十多场。在观众中获得好评的艺员，由郭象升拟词，分别赠予缎幛如：

赵清海：涵盖一切

刘雅斗：妙口灵心

靳伯庐：魅力雄厚

申银洞：鸣凤真传

赵永年：秀出班行

晋喜顺：玲珑活泼
郎喜全：声容兼备
郭金顺：后起之秀
上党宫调泽州艺员赴并公演团：誉满并门。

　　而被表彰为"后起之秀"的郭金顺，年龄最小，时年十九岁。

　　到第二年，即1935年农历正月，泽州艺员在赵清海的率领下第二次赴并演出，仍在东关集合出发，用的是晋城公顺班（尹寨二班）的戏箱。上一次的在并演出，省城对上党宫调赞许有加，好评如潮。听说上党宫调又要赴并演出，自是迫切期待。戏班未到，省城舆论已造出来了。民国24年（1935）2月10日（农历正月初七）的《山西日报》第五版上，登出标题为《上党宫调复将来省露演》的消息。文章说："上党宫调戏班曾于去岁阴历正月间来省献艺一次，当时大博彩声，颇得社会之赞许，兹闻上党旅省人士近复函招该戏班来省表演，并已派车前往接箱。约于旧历初十可到省。仍假鸣盛楼露演出。"这年2月14日（农历正月十一），该报在第五版上又刊登标题为《上党宫调明日在鸣盛楼露演》的消息，文章说："兹悉该戏已于前晚全班抵并。据云均系上党一带宫调名伶，并定于明（十五）日假鸣盛楼登台献艺云。"据此可知，这次演出，仍是马骏、贾景德、郭象升等在省城官员兼老乡居中操作，戏班仍是上次的班底和名角，不过又加了段发荣和长治平福成、张桂枝、陈根成等人。段发荣在这次演出中，还获得了较高声誉，荣获"优孟传神"的缎幛。两次演出，作为赵清海高徒的郭金顺都随班演出，均获成功，从此蜚声剧坛，名扬三晋。这年七八月间，潞府艺员组成潞府艺员赴并演出团，由段二淼带队，赴并演出，段二淼获得"誉满并门"的缎幛。这是上党艺人第三次赴并演出。

在师父赵清海的悉心培养教育下，郭金顺很快成长起来，演技日臻成熟，渐渐可以担当主要角色，可以单独领箱唱戏了。1934年，郭金顺离开师父和三乐意班，另住高平三意班领箱唱戏，以为这样就可以为父亲分担家庭负担改善生活了。谁知同年8月，父亲便被班主折磨致死，家庭的重担全压在了郭金顺一个人身上。其间，他走遍了高平、陵川、壶关、长子等八个班社，历经千辛万苦，饱受了达官贵人、地主恶霸、土豪劣绅的盘剥和凌辱。那时候，唱戏的艺人地位低下，把艺人当作玩物，唱戏不管演员死活，上午演、下午演、晚上演，连轴转，有时还强迫你演到天明。稍不称意就大喊大骂，往戏台上扔石头。许多艺人身体难以支撑，不得已染上了吸食烟土（鸦片）的习惯，致使艺人的身体受到了摧残，每天精神萎靡不振，也影响了演艺的提高。

1938年，日寇进攻上党，广大戏剧人员不愿受日本鬼子及汉奸们的迫害，郭金顺组织了一些零散艺人转入敌后抗日根据地沁水、陵川一带演出。可是疯狂的鬼子也跟进来，不断搜山扫荡，大肆烧杀抢掠。1940年，郭金顺所带班社被日本鬼子抓到敌占区强迫他们为之演出。面对日本鬼子的威逼，艺人们只能消极抵抗，演出自然不会卖力。那些汉奸们就说郭金顺是"共产党""暗八路""不给皇军效劳"，严刑拷打逼供。有一次，他们在长治市荫城桑梓演出时，一个日寇宪兵队非要郭金顺唱到天明不可。郭金顺怒不可遏，提出抗议，结果被几个日本狗腿子打得遍体鳞伤，疼痛难忍。面对这种非人的生活，郭金顺逃出虎口，于1941年带着全家和姐姐、姐夫张

鸿光、外甥张仁义沿路讨吃要饭来到敌后抗日根据地陵川县王教村。这个村有个戏班叫三乐班，东家兼掌班是李双松，小名大瘤子，他用村里的戏箱行起了一班戏，起名三乐班。戏班里有贾三马等名演员，在当地影响很大。郭金顺便在三乐班唱了一段时间。后来，郭又邀了徐执忠（徐贵生）、史小旦等几个零散艺人，配上当地一些业余戏剧爱好者组织了一班家生戏，在根据地演出了一段时间。不幸的是逢上了大灾荒，赤地千里，饿殍遍地，连吃饭都成了问题，演出难以为继。有一次在壶关石坡村演出，抗日县长侯国英看到他们的生活状况，和村上干部商量，给剧团拔了一部分救济粮，还特意给郭金顺一斗小米，救了他们的命。一直到1942年，郭金顺才离开陵川三乐班，重新回到了高平县万亿班。

领艏万亿

LINGSHANGWANYI XIJINGTIANDI

戏惊天地

戲

领衔万亿 戏惊天地

万亿班创建于1929年，东家是高平靖居人康景宜，家资殷富，在屯留、鲍店等处经营有工商业。戏箱是买伞盖村公益班的。起初，万亿班的掌班是康奉先、康秋根，在观众中影响一般。到20世纪30年代末，班社邀请晋城的焦朝润担任掌班，班社才有了起色，迅速成为上党地区的著名班社。焦朝润具有丰富的管理经验。他懂得要办好戏班，必须有好演员、好剧目、好行头。行头好办，东家舍得出钱，下苏州便可以买回。剧目是演员带来的，关键是能请来和养住好演员。为此，他广交朋友，以诚相待，并改善管理，将长期执行的包份制，改为按技艺高低评定底分，按份分红，死工资变成活工资。唱好了就能多写戏价，戏价高了就多拿钱。好的制度和管理调动了广大演员的积极性，好演员都往万亿班来，可谓名角云集，光出名的须生演员就有六个。

《东门会》剧照，郭金顺饰演陈文子

当时，万亿班的主要演员除郭金顺外，须生还有申银洞、徐执忠、廉明昌、陈玉富、康秋根；旦角有乔玉和、王喜金、李子清（小堆）、刘未祥、张鸿光；二净有马高升、嵇玉土、薛万青；小生有梁怀生和董木生、董来法；丑角有吴来成；鼓板有马富孩；琴师有刘元枝等，真是人才荟萃，济济一堂。上演剧目主要有《天波楼》《挂龙灯》《徐公案》《东门会》《赏花楼》《太平桥》《天齐会》《六翁关》《黄鹤楼》《住店》《盗马》《小宴》等，大都是名角的拿手戏。开始，万亿班主要活动于原泽州府五县。1943年，长治七月初一大会，有五个戏班受邀助兴。万亿班力挫群雄，稳执牛耳。大会主持人为了满足全城观众的愿望，请万亿班依次唱完五个舞台，由此艺满上党，名震太行。

20世纪四五十年代，正是郭金顺精力充沛、艺术造诣成熟的时期，他在晋东南地区声望很高，各地都以能看一次郭金顺的戏为幸事。老百姓无论在地里、在路上，都要哼几句郭金顺的《两狼山》或《东门会》，一提起"小红生"，便有说不完的话题。群众中流传着"宁可几天不下地，也不敢误了金顺的戏"。那些年，高平县石末乡白龙王山阴历六月十三有个古庙会。这个庙会不同寻常，是多村一会，共同操办，会期七天，规模盛大。到时，不仅东山后的乡村，便是外县外省如河南、山东也有人趋之若鹜，可谓盛况空前。为了给大会助兴增色，每年会上都要聘请两班最好的戏，对台打擂，胜者奖白面五袋、肥猪一头。唱对台戏是晋东南地区的老传统，一方面

《五丈原》剧照，申银洞（右）饰演诸葛亮，赵德俊饰演魏延

是为了满足广大观众的需求，同时也是让老百姓亲自检验一下究竟哪个剧团、哪个把式唱得最好，以一决胜败优劣。每遇到这种场合，无论哪个剧团都不敢掉以轻心，都会使出吃奶的力气，使出十八般武艺，通力合作，志在必胜。它关系到每一个演出团体、每一个演员的声誉和戏价的高低。打对台是一种艺术上的竞赛方式，它使表演艺术和舞台艺术高度发展，蔚为一时之盛。至今还令人感觉到"典型犹在"。郭金顺所在的万亿班年年都在必请之列。这一年会上请的是高平万亿班和阳城贤易班。阳城县过去有个顺口溜："咸易班唱，兴瑞班亮，小侯戏后头赶不上。"这是指清末民初阳城县颇负盛名的三个上党梆子班社，其中以咸易班最负盛名，在原泽州府五县很有影响。戏班里有一批出名的好演员，其中有晋城的靳伯庐、梁继昌、赵德俊、曹月孩，陵川的薛补之，阳城的郎发香、刘小朝等人，还有马四喜、陈宿太、鼓师郭圭圭等，人才云集，剧目精彩。两家在此唱对台，也是旗鼓相当。由于此地位于高平、晋城、陵川三县交界，前来赶会、看戏的人很多，人山人海，台下黑压压

一大片。每天下午和晚上各演一场，夜戏要从晚上8点一直演到第二天太阳升起，人不散，戏不停。各家都是铆足了劲，使出浑身解数，拿出看家本领，戏演得精彩纷呈，各有千秋。而郭金顺的表演更是倍加卖力，台下叫好声不绝于耳，馒头、水果、烧饼……像雪片似的从台下向台上飞来，扔得到处都是，万亿班稳操胜券，得胜而归。

作为上党剧坛名宿的郭金顺，稳执牛耳，享誉四方，但从不骄傲自满，而是谦虚谨慎，虚怀若谷。不管是名角还是普通演员，只要有一点儿长处，他都虚心求教，认真揣摩，细心领会，取其所长，丰富自己，从而使自己的演技精益求精，力臻完美。他虽然酷爱上党梆子，但绝无门户之见。对于不同剧种、不同艺术门类，他都满怀热情，经常观摩。哪怕是当地的高平秧歌，他也从不小视，而是虚心学习。

高平县井则沟村有个民生秧歌剧团，是一个农村业余剧团。该团有两个名角，一个叫王连生，一个叫侯全胜，在泽州五县很有名气。有一次，县里为充实梆子剧团挑选演员，组织了一次梆子、秧歌对台比赛。梆子戏是万亿班，秧歌剧便是井则沟民生秧歌剧团。万亿班在县城茅只旮儿的舞台演出，民生秧歌剧团在观巷舞台演出。两团的生活由县里统一负责。当时群众纷纷议论："唱秧歌的怎敢与唱梆子的打对台？简直是开玩笑！"实际上当时县里也对秧歌不太高看，发放生活费时便是两种待遇：唱秧歌的领的是粉豆面，舞台上点的是老灯（即麻油灯），而唱梆子的领的却全是白面，舞台上点的是汽灯。但秧歌团不在乎这些，而是沉着应战，一鼓作气。当晚，万亿班演的是《东门会》，民生秧歌剧团演的是《白蛇传》，由王连生饰白素贞，侯全胜饰小青，没想到秧歌剧团居然获胜。观众当场给王连生、侯全胜两个名旦大红彩绸十字披红，并在舞台柱子上挂满了油糕、油条等，还不断往台上扔馒头、柿子、梨、花生等表示赞赏。人们称赞说："这也看，那也看，还是井则沟秧歌班。""看了井则沟青衣旦，三天三夜不吃饭。"对此结局，郭金顺并未嫉妒，而是心悦诚服，他带上剧团名角廉明昌、马高升亲自上台为之祝贺，并给予高度评价。

井则沟民生秧歌剧团为什么能唱这么好，为什么那么受群众欢迎呢？郭金顺决心要探个究竟。有一次，他听说该班在围城村唱戏，正在茅只旮旯唱戏的他和廉明昌二人利用间隙悄悄来到围城村舞台下，混迹于群众间，认认真真地看戏。这天下午，演的是《三娘教子》，是王连生的拿手戏。《三娘教子》讲的是三娘王春娥，抚养着前房之子薛倚哥，视如己出。倚哥贪玩，不好好读书，春娥断绢训诫，老仆人薛保起初不解，后经道破，方知春娥爱子情深，遂劝导倚哥对母认错，母子和好如初。

郭金顺来偷看秧歌戏很快就被观众发觉，他们是驰名上党、无人不晓的上党梆子名角，今天能跑来这里看秧歌，既感稀奇又觉惊奇。有的群众说："哟，这不是郭师傅、廉师傅吗？你们咋有空来咱村看秧歌。""都是一伙打地摊儿的把式，哪能和二位比呀！"郭金顺连连摆手说："不能这么说，我看人家就是比我们强得多哩！"这次二人亲临观看，让他们佩服，心悦诚服。戏一演完，站在侧幕跟前的郭金顺便双手捧着红绸，兴致勃勃地挤到还穿着戏装的王连生面前，将红绸举过头顶，为他十字披红。紧随其后的廉明昌，也往王连生脖子上挂了二十个用麻绳穿成圆圈的烧饼。这是当地群众对好

演员的表演所给予的最为隆重的褒奖和尊崇。台下观众为之交头接耳，都为誉满上党的两个名伶能对一个秧歌演员如此尊崇的行为所感动。就连王连生本人也受宠若惊，过去他曾受到过农村社首、商界首领乃至地方绅士的赏赉，但能得梨园名伶的嘉奖还是头一次。他激动得眼含热泪连连道谢，他用戏中台词说："小生受之有愧，小生受之有愧，如此这般，郭师傅、廉师傅，二位真是折杀我也。"

1943年冬天的某一天，万亿班到晋城某绅士家唱贺寿堂会。唱完后，绅士的三少爷一贯赋闲，要把郭金顺、廉明昌、马高升等名角霸下来，据为己有，另组戏班，便怂恿老当家的（父亲）出难题，说："我王家富甲一方，还不敢说万亿，你一个唱堂会的戏班也敢称万亿，太不知天高地厚了吧。"郭金顺见势不妙，赶忙说："我们东家在长治鲍店开有两处门面：一处叫万盛永，一处叫亿永和。戏班开张时便取两处字号的头一个字，起名叫万亿。虽说是自我标榜，也是图个吉利，并无他意。"王家听了郭金顺说的，这才作罢。还有一次，万亿班去壶关大河口唱戏，遇上了本村的十万班。十万班本名乐意班，东家叫王大蛋，家资豪富，他声称要花十万两银子行一班戏，戏班称十万班。十万班因为有钱，行头十分讲究，有前八驮、中八驮、后八驮之说。正因为如此，外地的戏班没人敢去该村唱戏。可是万亿班却偏偏敢来大河口唱戏，遭到了乐意班东家的恫吓，说："我家家财万贯，戏班还只敢说十万班，你们竟敢称万亿，是不是想来压我们？"郭金顺着了慌，也是说了上述理由才躲过一劫。

丹凤朝阳

名满太行

DANFENGCHAOYANG MINGMANTAIHANG

戲

丹凤朝阳 名满太行

　　1945年6月高平全县解放，当年冬天，县人民政府为了组织新的剧团，接管了在晋东南享有盛誉的万亿班，并组织全体演职人员到高平县城附近的围城村进行整顿集训，还抽调已升为区长的中共党员王连生负责整顿工作。说到王连生，人们必然会想到那个唱秧歌唱得特别好的井则沟民生秧歌剧团的青衣旦，那人也叫王连生，和这个当区长、管剧团的王连生同名同姓。但此王连生非彼王连生，他是高平县赤祥村人，曾任高平县抗日政府第四区区长、县文教科科长，是一个戏剧爱好者，也唱过高平秧歌，还是有名的剧作家，曾编写过高平秧歌《王和尚卖妻》《王凤英转变》《姐弟逃荒》，还编写了上党梆子《秀莲图》《胡月凤》等连台本戏。县里让他来集训整顿万亿班不是没有缘由的。

　　万亿班经过在围城村三个多月的集训整顿，终结了旧戏班主对艺人的盘剥，废除了掌班制和师傅

可以随意打骂徒弟、狼吃狗拖上吊洪水冲走概不负责的班规陋俗，戒除了抽大烟的毛病，建立了全新的管理制度。在此基础上，高平县委、县政府将万亿班改名为高平县朝阳剧团，寓意高平人民像葵花向阳一样热爱党、热爱领袖毛主席。任命王连生为团长，郭金顺为分管戏剧业务的副团长，朱成功为指导员。

整顿新建后的朝阳剧团，阵容整齐，力量雄厚，主要演员有唱须生的郭金顺、申银洞、徐执忠、廉明昌、陈玉富、程东孩；二净有马高升、康春富；旦角有李子清、刘未祥、张鸿光、段水昌；大净有薛小水；小生有梁怀生、董木生、董来法；丑角有吴来成；鼓师有马富孩、孙连孩；琴师有刘元枝、田春才等，可谓名角荟萃，盛极一时。

新建的朝阳剧团不仅有一批好演员，而且有一批名演员的拿手好戏，如郭金顺的《东门会》《赏花楼》《挂龙灯》《清河桥》，申银洞的《夸官拿府》《寄女杀家》，廉明昌的《太平桥》《天齐会》，马高升的《送印杀差》《过江杀督》，徐执忠的《挂龙灯》《天水关》，李子清的《坐山吵窑》，梁怀生的《盗马》等，有口皆碑，各有千秋，演一处红一处，每次演出都获得阵阵喝彩。朝阳剧团还十分注重排演现代剧，移植的剧目有《白毛女》《刘胡兰》《王贵与李香香》《赤叶河》《打春桃》等，自编的有《王和尚卖妻》《东仓风云》等，深受群众欢迎。新编古装剧《三打祝家庄》《逼上梁山》《将相和》《王佐断臂》等也深为群众喜爱。

早在万亿班在高平县围城村集训整顿和筹建县朝阳剧团时，郭金顺和王连生就慧眼识珠，发现了两个人才：一个是吴婉芝，一个是李冬莲。这两个小姑娘不仅嗓子好，而且长得俊，还是小戏迷。

吴婉芝

她俩都在围城村草台班子秧歌剧团唱过戏。朝阳剧团在村里排戏时，她俩经常在旁边偷着看、学着唱，像模像样。打那时起，郭金顺就和王连生商议："剧团里没有女演员现在可不行啊！我们不能老是让男的演女角，我看吴婉芝和李冬莲就是两棵好苗苗！"王连生也是这个意思。朝阳剧团离开围城村之后，郭金顺和王连生几次到高平县城找着第一区区长毕区长和围城村长李相臣，商量把吴婉芝和李冬莲调到县朝阳剧团，取得了区、村两级领导的同意。

吴婉芝到县朝阳剧团后，如何把她培养成才，郭金顺很费了一番心思。先是为她选一个好师傅。王连生想让郭金顺当，郭金顺却说："不不不，我看廉明昌比较合适。婉芝从秧歌、现代戏起步，演传统戏，缺的是基本功，明昌出身梨园世家，功底扎实，四路不挡，文武俱佳。为人正派脾气好，教徒弟有耐心，让他在打基础上下功。至于我，不当师傅也是师傅，在她身上我少下不了功夫。"二人很快商妥，在征得廉明昌同意后，举行了拜师仪式。为了使吴婉芝迅速成才，郭金顺还为吴婉芝量身选择了几本戏：一是《白毛女》，由吴婉芝饰喜儿，郭金顺饰黄世仁；二是《王贵与李香香》，吴婉芝饰李香香，名演员徐执忠饰王贵；三是皮黄戏《打金枝》，郭金顺饰唐代宗，吴婉芝饰沈后；四是昆曲《长生殿》，郭金顺饰唐玄宗李隆基，吴婉芝饰杨贵妃。还有《秦香莲》《皮秀英打虎》等，硬是给吴婉芝压担子，让名角给她配戏。郭金顺亲自示范，手把手地教，吴婉芝也一丝不苟地学，加上廉明昌耐心地、一招一式地教，

吴婉芝迅速成长起来，成了高平县朝阳剧团和后来晋东南专区上党梆子剧团的台柱。吴婉芝是幸运的，生逢盛世，十九岁入党，二十二岁担任副团长。1955年，中国戏曲研究院主办戏曲演员讲习班，剧团派她参加，使之得到全国著名表演艺术家梅兰芳、程砚秋、小白玉霜等的亲自辅导，使其表演理论和技艺有了很大提高。1956年，吴婉芝随团赴京汇报演出，受到了好评。1959年，吴婉芝随山西人民福建前线慰问团到福建前线慰问演出，倍受称赞。1962年，吴婉芝赴长春电影制片厂拍摄《三关排宴》，由她饰演萧银宗，产生了很大影响。返晋途经北京时，还在国务院小礼堂演出，周恩来总理、朱德委员长，还有几个副总理、副委员长莅临观看。吴婉芝唱腔珠圆玉润，字正腔圆，善于用优美的音韵来表达人物感情，塑造人物。有人说："听吴婉芝唱戏，像是吃沙瓤西瓜，又甜又香，沁人心脾。"吴婉芝的成长，是与郭金顺慧眼识珠，甘为人梯，精心培养分不开的。她唱的老本《三关排宴》中的《盘路》和《皮秀英打虎》中的《规父》，由中国唱片公司灌制成片，全国发行，在上党地区可以说是家喻户晓，尽人皆知。1999年，吴婉芝因病去世，享年六十六岁。

新组建的朝阳剧团朝气蓬勃，欣欣向荣，名声越来越大，写戏的接连不断，一个台口接着一个台口，在物资交流会上唱对台戏更是场场获胜。一般剧团一台戏三天写二十来石小米，有些只能写十来石（当时物价腾贵，故以小米论价，每石小米一百六十斤左右），而朝阳剧团的戏价高达三十六石，还挨不上号。

那一年夏收之后，陵川县礼义镇有个古庙会。礼义在高平、陵川交界处，是陵川城关之外的第一个大镇，土地肥沃，人口众多，光闻名遐迩的寺庙就有崔府君庙、南吉祥寺、北吉祥寺（这三处寺庙现都列入国家级文物保护单位），邻近地县来赶会的人很多。这次大会，他们又要选两个著名剧团来会上唱对台戏以助兴。这次选择的打擂者是高平县朝阳剧团和陵川县民锋剧团。朝阳剧团本来已定下到高平县建宁乡府底村演出，但是礼义镇硬是要朝阳剧团来，戏价高出于府底一倍，主办方还赔偿了府底五石小米的损失。和朝阳剧团打对台的民锋剧团，在当地也有名气，决非等闲之辈。它是陵川解放后在原有的王教戏和小乐戏基础上组建起来的，主要演员有贾三马、张银生、杨银儿、郎徐明、李春枝、张三纯、薛补之、王广启等三十余人。特别是剧团里有赵清海的弟子须生李不旦和旦角晋喜顺，以及远近闻名的"铁嗓子"杨银儿。1950 年 6 月，该团在高平县白龙王庙古会上唱对台戏后名声大震。

用于打擂台的舞台搭在村外通往高平的官道边的两个打麦场上，两台相近二三百米远，两座彩台面对面相望。彩台用木杆做架，红黄蓝白等各色布条缠搭，为单檐歇山式，又以明镜、流海、鸡毛掸子装饰，廊腰缦回，檐牙高啄，鲜艳美观，巧夺天工，民间称之为状元舞台。两个舞台中间摆着两张八仙桌，八仙桌上，头肚朝下并排放着一头洁白的整猪、一只整羊和四袋白面，这是预先备给获胜者的奖赏。

头一天晚上，高平县朝阳剧团演的是现代戏《白毛女》，陵川县民锋剧团演的是《三姐下凡》，韩冬秀饰三姐，杨银儿饰杨文举。杨银儿和赵清海有些瓜葛，赵清海父亲死后，其母嫁给了杨银儿的曾祖父，他也随其母长期在杨家生活。按辈分算，赵清海应和杨银儿的祖父是一辈，杨银儿也算门里出身。杨银儿自幼参加村里业余戏

班的演出，自己也歌喉出众。两团对垒不分胜负。

第二天，民锋剧团演出的是上党宫调《凤仪亭》，由赵清海的高足李不旦饰演司徒王允，身段美观大方，做戏细腻传神。饰演吕布的是贾三马，贾三马十岁从艺，长相英俊，嗓音洪亮，十四岁便颇有名声，十八岁便当过戏班掌班，是南五县闻名的角儿，说起三马戏是无人不知的。民间有人说："就是老天把刀下，也要去看贾三马！"唯有饰演董卓的张银生，做工稍欠火候，但从架码儿、唱腔儿来看也挑不出大的毛病。朝阳剧团演的是上党皮黄《打金枝》，由郭金顺饰演唐代宗，吴婉芝饰演沈后，徐执忠饰演郭暧，杨荷叶饰演升平公主。从演出的阵势看，双方似乎旗鼓相当。两个团的名角都是赵清海的高足弟子，师兄师弟。而且郭金顺的师兄晋喜顺，曾随同他们的师傅赵清海等泽州艺员赴并演出时饰演《翠屏山》一剧中杨雄之妻潘巧云，演得活灵活现，曾受到省城观众的好评，被赠予"玲珑活泼"的缎幛。为了增加擂台胜算，民锋剧团在戏台边挑出了这杆"玲珑活泼"的缎幛，以招徕观众。想当年贾三马扮演的吕布曾轰动一时，和晋喜顺演《凤仪亭》，他扮吕布，晋喜顺演貂蝉，配合默契，堪称珠联璧合。那时节，他头戴金冠，雉尾双飘，风流倜傥。当演到和貂蝉定亲时，细语轻柔，二目脉脉含情。临到分手，他还用雉尾在貂蝉的粉脸上一扫，直扫得台下的年轻观众浑身发酥，心旷神怡。

可是，当时他们面对的是朝阳剧团，郭金顺一出场，台下便一阵轰动："小红生出场了，小红生出场了！"顷刻，台下的人便你推我搡地往朝阳剧团的戏台下涌，一下便拉走了民锋剧团台底一多半观众。而吴婉芝扮演的沈后，其皮黄"你若斩了郭家子，皇儿她无依无靠，孤苦伶仃，每日终朝，哭哭啼啼，那时你后悔也来不及"的优美唱腔又赢得了一片喝彩声。特别是吴婉芝饰演的沈后劝罢女婿又劝女儿："从今后再莫耍孩子脾气，夫妻间你忍我让，他让你忍，忍忍让让，和和气气，相亲相爱到白眉。"台下更是掌声如雷，叫好声不绝。而这时的民锋剧团却今非昔比，还是老行头、老面孔，且晋喜顺以其年近五十之躯来演貂蝉，怎么"玲珑活泼"得起来呢？其表演显得有些笨手笨脚，力不从心，而且嗓音也缺少了往日的那种珠圆玉润、风靡一时的唱腔了。台下突然爆发出了"爬回去吧"的喊叫声。郭金顺诙谐地对晋喜顺说："老师哥，对不起，今天你怕是吃不上那猪羊肉和白面了。"

高平县朝阳剧团与陵川县民锋剧团的对台戏落下了帷幕，朝阳剧团大获全胜。礼仪镇负责起会的人们带着八音会锣鼓，率领着一伙年轻人抬着整猪整羊和白面，毕恭毕敬地向朝阳剧团戏台走去。朝阳剧团全体演职人员也兴高采烈地以鼓乐相迎。在观众的一片欢呼声中，两支乐队互相吹奏，尽情地展现着广大群众与剧团之间水乳交融之情。

朝阳剧团是一个能唱昆、梆、罗、卷、黄五种声腔的剧团。特别是昆曲，由于文辞过于深奥难懂，演唱曲牌也不太适合喜欢热烈火爆的上党人的口味。所以到了后来，除了个别大些的班社剧团，还留传下诸如《长生殿》中的《惊变》《埋玉》，《打代州》中的《别母》《乱箭》以及与祀神有关的《大赐福》《富贵长春》《加官封相》等为数不多的折子戏外，一般剧团已绝少演出上党昆曲，而罗、卷戏更是稀罕，但是朝阳剧团却五种声腔都能唱。

有一年，古称"光狼城"的高平康营村成汤庙会，请朝阳剧团

前去演出助兴。上演之前，剧团先派少部分人提前赶到去打前站，先演出一些小戏。成汤庙是供奉商朝开国君主成汤的，庙宇保存完好，分上、中、下三院。戏楼坐南朝北，舞台前面的两根立柱上，写着一副字迹隽永的楹联：

上党梨园万紫千红花似锦

太行舞场笙鸣笛奏歌如潮

打前站先演的节目便是而今已少见的作为垫戏的上党卷戏《窦老争亲》。看戏的人们挤满庙院，专等上党昆曲《长生殿》。听着远处传来的驴叫声，人们欢呼起来，互相传告："小红生来了，小红生来了！"过去，上党地区的百姓把梆子腔和昆曲看作祀奉神灵的正宗，不会唱昆曲的演员不能算作好把式，跟师傅学昆曲是必须付出高额代价的。这次担纲主演的是朝阳剧团的挑梁把式郭金顺和剧团新秀吴婉芝，郭金顺饰演唐玄宗李隆基，吴婉芝饰演杨贵妃。当他们二人由四个太监、四个宫女引领闪亮登场时，观众一片喝彩，欢声雷动，简直要把成汤庙给掀翻了。两个人珠联璧合的演出把台下的人都惊呆了，人们看得投入，看得忘情，看得如醉如痴。其扮相之雍容华贵，文静娴雅，声腔优雅，蕴藉宜人，加上曼妙的舞姿，一次又一次地获得台下观众潮水般的掌声和叫好声。紧接着是演《打金枝》，晚上是新戏《白毛女》，更是一场比一场精彩，演出获得了巨大成功。

朝阳剧团不仅善演传统戏、朝代戏，而且也善演现代戏。《白毛女》《刘胡兰》《王贵与李香香》《赤叶河》等都是他们的拿手好戏。

这年冬天，县里安排剧团去寺庄镇王报村慰问住在那里养伤的伤残军人。王报村是春秋战国时期古泫氏县的县城所在地，历史悠久自不必说，该村二郎庙有全国最早的金代舞台，也是有名的戏曲之乡。演出不在二郎庙舞台，那个地方太小，放不下这么多人。演出地方安排在北大庙对面，戏台的前檐柱上方悬挂着"热烈欢迎高平县朝阳剧团来我村慰问演出"的横幅，台前四根柱子上写着两副楹联。一副是：

> 台上笑台下笑台上台下笑引笑
> 看古人看今人看古看今人看人

另外一副是：

> 曲定宫商角徵羽琵琶巧品十二律
> 戏分昆梆罗卷黄梨园宗传一千年

八百五十多名伤残军人，像正规军一样整齐威严地坐在台下，唱着军歌。在他们周围的是来自本村和四邻村庄赶来看戏的群众。

这天演出的是现代戏《白毛女》，由郭金顺领衔主演黄世仁，郭金顺外甥、青年演员张仁义饰演穆仁智，廉明昌饰演杨白劳，而白毛女一角则由剧团两个新秀李冬莲和吴婉芝饰演，李冬莲演前半部，吴婉芝演后半部。该戏反映的是一个天真活泼的农村少女喜儿被万恶的旧社会迫害，变成了白毛仙姑的故事。当演到喜儿被恶霸地主黄世仁、狗腿子穆仁智抢到黄家抵债，在黄家挨打受骂，受尽

折磨，并被黄世仁奸污怀孕，卖给人贩子，喜儿逃走，黄世仁、穆仁智又欲杀人灭口时，台下看戏的伤残军人再也控制不住感情的闸门。一个军人举起自己的拐杖，喊起了口号。顿时一呼百应，军民同声，"打倒恶霸地主""打倒国民党反动派"的呐喊声震天动地，响彻夜空。有的军人入戏太深，忘记现在是演戏，居然忘情地跳上舞台，抓住台上饰演黄世仁、穆仁智的演员劈头盖脸就打。这时正在台下看戏的郭金顺之姐、张仁义的母亲心急火燎地叫起来："不要打我兄弟！不要打我儿子！""这是演戏么，你们还能真打？"更有本村一个农民愤怒地喊："把咱村霸占民田、抢夺良家女子的恶霸地主也拉上来批斗！""对！拉上来！拉上来！"戏台下一片混乱，戏已唱不成了。急得王连生几次走向台前解释，说我们现在是在演戏，大家不要当了真了！可是众怒难犯，四五个民兵将本村恶霸地主押上了台，演戏变成了批斗会。后经军人领导、王报村干部反复劝说才得以平息，使《白毛女》得以继续演出。

这次演出获得了出人预料的成功，远胜于一场忆苦会，无论是军人、群众和演员们都受到了一次绝好的教育。

朝阳剧团从高平演到晋城，从晋城演到长治，从州底演到了潞府，名声越来越大，会戏一个接着一个，台口一个接着一个，戏价也是翻着倍儿往上涨，每个台口（三天）由原来的二十五石小米，涨到了三十六石甚至四十多石，另外还得到额外一头猪、两袋白面的奖励。群众的好评、上级领导的奖励，使朝阳剧团如初升的朝阳，光芒四射，火红而热烈，一派欣欣向荣的景象。

八送朝阳

情深意长

BASONGCHAOYANG QINGSHENYICHANG

戲

八送朝阳 情深意长

　　正当朝阳剧团迎着初升的太阳，在荣耀与掌声中茁壮成长之时，又一个喜讯伴着春风送到了演员们的耳鼓，但对朝阳剧团来讲却又喜又忧。喜的是高升了，忧的是离家远了，回家不方便。

　　1954年初夏，山西省长治专署决定将高平县朝阳剧团上调专署，与长治专区原来的胜利剧团、潞城的大众剧团合并，重新组合成长治专区人民剧团，下辖第一分团唱上党梆子，第二分团唱上党落子，而以高平县朝阳剧团为主组成的是唱上党梆子的第一分团。

　　胜利剧团是在抗战中由改进剧团而发展起来的，属于太行专署领导的剧团。因太行四专署在太行区的南部，又称太南胜利剧团。主要演员有王聪文、程联考、郭江城、王胖则、刘喜科以及后来参加的李元忠、王水珍、秦桔花等人，主要是唱上党落子。1944年，上党梆子演员段二淼接受赵树理的

《苦肉计》剧照，段二森（左）、温喜云饰演周瑜、鲁肃

说服动员，带着他的徒弟温喜云（须生）、李秃则（丑角）、王东则（小生）以及关聚宝（北凰旦）、宋东发（丑角）先后加入，胜利剧团成了梆子、落子同台唱，两下锅的剧团。胜利剧团在上党梆子中属于潞府派（亦称上路戏、上路腔，包括长治、长子、屯留、襄垣、黎城、潞城、壶关、平顺等北八县），其唱腔与州底派（亦称下路戏、下路腔，包括晋城、高平、阳城、陵川、沁水等南五县）唱腔有同有异。州底派戏班演员唱词、排字距离比较宽松，唱字讲究咬、吐及头、腹、尾三部分的处理，行腔稳健平缓，散唱句多分节，唱腔音区以中高音区较多，所以艺人们又有"下五音"之称。州底派在唱腔的节奏与速度快慢对比虽然不大，但各种装饰性润腔手法运用较多，尤其注重声音的艺术表现力，潞府派的戏班演员则唱词、排字距离比较紧凑，出字急促而节奏自由，行腔高昂且常大起大落，演唱时讲究刚健火爆，散唱句分节较少，各腔节紧凑，唱腔音区较高，所以艺人们又有"上五音"一说。长治解放后，胜利剧团于1946年在长治召开的太行区第二届群英会上，演出了《一担水》《一条毛巾》《赤叶河》《血泪仇》《小二黑结婚》以及古装戏《三打祝家

庄》等，同时也演出了一些富有爱国主义精神的杨家戏、岳家戏，如《闯幽州》《两狼山》《雁门关》《天门阵》《九龙峪》《天波楼》《夺秋魁》《反徐州》《寄女杀家》等传统剧目，鼓舞了根据地抗日军民的战斗意志，对上党地区戏曲的发展有着一定的影响。

潞城县大众剧团是在潞城县抗日根据地的二区剧团的基础上组建起来的，主要演员有张宝龙、李晚喜、贾树珍、秦桂花、李梅、崔玉霞、崔玉玲、李彩兰、常元女、郭迎章、李勤正、郭凤岐等，主要剧目有《忠保国》《醉陈桥》《回荆州》《女忠孝》《血泪仇》《人间地狱》《和平劳军》《上前线》《王保山参军》等，是晋东南唱落子的著名剧团之一。

长治专区人民剧团团长是原胜利剧团的段二淼。

段二淼

段二淼（1899—1969），上党梆子表演艺术家，原名段二苗，平顺县赤壁村人。他出身于农民家庭，小时候曾在河北涉县上党梆子天益班，黎城公益班，襄垣鸣凤班、合义班、景义班，潞城新乐意班学戏，后来又在黎城发益班、壶关和长子乐意班、平顺三乐班、黎城培盛班、潞城三乐班等演唱或任掌班，逐步成了驰名上党剧坛的演员。1935年赴并演出时被赠予"誉满并门"的缎幛。

1944年，他参加太南胜利剧团，比较成功地演出了《双转意》《白毛女》《血泪仇》等戏，崭露头角。1954年任长治专区人民剧团团长。1956年参加了长治专区赴京汇报演出，上演了《黄鹤楼》，博得好评。他在长治专区人民剧团时还和郭金顺通力合作，共同排演

了《法门寺》和《秦香莲》等几个剧目。1958年任长治专区地方戏曲学校（后改为山西省艺术学校晋东南分校）校长，1963年兼任山西省上党戏剧院院长。中国戏剧家协会会员，曾任山西省政协委员、山西省文联委员。1969年2月26日逝世，享年六十九岁。

新组建的长治专区人民剧团下设两个分团，以原专区胜利剧团中演唱上党梆子的演职员和高平县朝阳剧团合并，组建为长治专区人民剧团第一分团。以专区胜利剧团中唱上党落子的演职人员与潞城县大众剧团合并，组建为长治专区人民剧团第二分团。由刘喜科任第一分团的党支部书记，郭金顺任团长，薛万青和吴婉芝任副团长。第二分团由王胖则担任党支部书记，贾树珍为副书记，李晚喜任团长，秦桂花和胡玉珍担任副团长。郭金顺从这时起担任第一分团团长（后改称晋东南专区上党梆子剧团），一干十四年，直到1967年"文化大革命"中被夺权。

朝阳剧团要走了，这次是往上调，由县剧团升为专区剧团，说起来也是提拔，全团上下兴高采烈。但剧团在高平生、高平长，是吃高平人民的小米长大的，大家心里难免难舍难分，故土难离啊。作为高平县委、县政府，把整个朝阳剧团端给专区，对县里讲也不能说不是个损失，所以也有点舍不得。对全县人民群众来说，朝阳上调，是高平的光荣，说明高平剧团名气大，但也担心，从此看不上朝阳剧团和郭金顺的戏了。

为了感谢高平县委、县政府领导和全县人民的培养和支持，朝阳剧团临走之前在县大堂广场（县政府门前广场）举办告别演出，公演三天。头一夜演的是《雁门关》，郭金顺饰演杨八郎，申银洞饰演佘太君。第二夜还演《雁门关》，郭金顺饰演佘太君，申银洞饰演杨八郎，两个人换了个儿。有人说郭金顺只会唱红生，实际上不是那么回事。第三夜演《混冤案》，郭金顺饰牛拔贡（万国），廉明昌饰申金会。由于老百姓知道朝阳剧团要走，几十公里远的都赶进城来看戏。戏台临时搭在县政府前人们俗称"大堂上"的一个土台上，坐东朝西，由于剧团是在家乡唱的最后一台戏，群众也是看朝阳剧团的最后一台戏，观众人山人海，挤得密不透风。三天唱的都是名角的拿手戏，在当时也是顶级水平，演员又带着浓厚的感情来唱，特别卖劲，观众也看得十分过瘾。那天晚上，剧团全体员工一起聚会，享用"最后的晚餐"，县里用高平最珍贵的宴席十大碗来招待和欢送亲人。

第二天一早，县城人海如潮，县里党政机关、事业单位、商家以及县城居民纷纷涌上街头，自动上街排成两行为剧团送行。走在前面的是由学生组成的洋鼓洋号方阵，紧接着是八音会鼓乐齐鸣。剧团的演职人员乘坐两辆大轿车，从窗户伸出手来频频向群众告别。队伍从市北街剧团驻地出发，经桥儿上绕道县政府门前，一直到出城关厢直达去长治的公路上，几里长街，到处都挤满了前来送行的人群。汽车在缓慢地行驶，车上的人们眼含热泪，不住地向送行的人挥手告别，口里喊着"再见吧，高平！""再见吧，父老乡亲！"送君千里，终须一别。走在最前面的鼓乐队伍闪到大路两边，剧团领导郭金顺、吴婉芝和剧团全体人员都走下车来，与县城送行的人群频频挥手告别："回去吧，同志们！再见了，同志们！"

就在这时，王连生赶来了。这个从朝阳剧团成立到今天，和剧团同志朝夕相处的老团长，这次没有随团，被县委、县政府留下来负责县里的文化工作。现在大家要走了，他心里自然不是个滋味，

止不住泪水夺眶而出。他掏出手巾来擦了擦几乎遮住眼的泪水对大家说："同志们，大伙儿都看到了吧，咱剧团有何德何能让县里这么多人来欢送我们呢？不就是因为我们会唱两句戏，广大干部群众都喜欢我们吗？还是我平时说的那两句话：老老实实地做人，认认真真地演好戏吧，要对得起高平父老乡亲！"郭金顺抱拳致谢说："谢谢高平县委、县政府领导，谢谢家乡父老乡亲，谢谢老同志！我们决不辜负大家的期望，一定不会给高平人民丢脸。回去吧，同志们请回去吧！"

两辆轿车终于朝北缓缓开动了，后面荡起了一股烟尘。可是车行不久，离城五里，前面就被拦住了。公路两旁摆着桌子，路中和两旁站满了黑压压的人群。原来南王庄的老百姓预先得知了朝阳剧团今天要走的消息，早早等在了这里，迎面打着上写"热烈欢送高平县朝阳剧团"的红布横幅。没办法，车辆只好停了下来。演职员们走下车来，群众一拥而上，有送鸡蛋的，有往演员口袋里塞核桃的……村干部则拿着酒壶，端着酒杯敬送行酒，说："你们太不够意思了，走也不提前告诉一声，还想偷偷走呀！"剧团人员纷纷道歉，赔不是，好说歹说，由郭金顺、吴婉芝各唱了一段梆子才放行了。

谁知车未开出二里，前面又被人拦路截住了。原来是郭金顺的老家王何村的人们。他们知道得迟，是听到南王庄的响动才赶来的。大家都说郭金顺不够意思，忘了家乡，忘了乡亲，笑声夹着指责声，慌得郭金顺连忙道歉，赔不是，还与廉明昌联袂唱了一段《挂龙灯》，喝了三杯送行酒才放行了。

过了王何村，接下来的是北王庄、长平、掘山诸村，沿公路两旁几乎村村庄庄都有在那儿等着送行的群众，一样地赠送礼物，一样地敬酒饯行，郭金顺、廉明昌、马高升、李冬莲、吴婉芝轮流着唱告别的戏，演员们一次次地下车和各村父老乡亲，也是他们的观众和衣食父母一一话别，一次又一次地表示他们的感谢之情。

可是还有一支送行的特别队伍，那就是靖居村的群众，这里是朝阳剧团的前身——万亿班所在地，郭金顺、廉明昌、马高升等名角都曾在这里发迹扬名，群众和他们有着更深一层的特殊感情。今天要离去了，自是难离难舍，等在这里好几个时辰了。剧团同志们下得车来，眼看着一个个熟悉的面孔，泪水禁不住夺眶而出，有的女同志痛哭失声，有的啜泣不止。说不尽的劝行话，道不完的离别情，演员们唱起了一段段最拿手的戏，饮尽了一杯杯饯行酒，依依惜别，挥手而去。

汽车加快了速度，飞驰着向北而去。但是谁也没想到，快出高平了，又被拦住了。那是高平最西北的一个乡镇所在地——赵庄，全村五六百号父老乡亲，老老少少，几乎是全村出动，敲锣打鼓地等在那里，表现出了他们热爱剧团、留恋剧团的异乎寻常的热忱。村庄外公路旁，一溜长条桌子上摆放着海碗和陶瓷酒坛，将芳香扑鼻的白酒倒入一个个海碗中。老支书说："金顺、婉芝，剧团全体同志，你们年年都不忘来咱这儿唱戏，朝阳剧团和咱赵庄也算是老交情了。听说你们要走，乡亲们商量着临时准备下几坛老酒，不成敬意，权当给同志们饯行吧。来来来，同志们都端起碗来，我先干为敬。"然后端起碗来，一饮而尽，滴酒未洒。紧接着剧团同志们也一个个端起海碗，一饮而尽。乡亲们一呼百应地吆喝着让郭金顺、吴婉芝等人再唱上几段戏。盛情难却，郭金顺、吴婉芝等也不推却，各自唱了几段戏。紧接着村上年轻人拉出了早已备好的装满黄土的

车子，端出了一盆盆清水，将黄土一锨锨撒满公路，然后浇上一盆盆清水，表达着他们的一片诚意。

黄土铺路，清水洒街。这是对封建社会皇帝出行时的最高礼遇，想不到高平人民用此来欢送自己的剧团，唱过传统旧戏的演员自然知道这个内涵，一个个感动得热泪盈眶。真是人民剧团人民爱，人民剧团爱人民啊。

踏上洒了清水的黄土，满载着高平人民的深情，朝阳剧团离开了赵庄。轿车在公路上盘旋行驶，一条耀眼夺目的横幅映入了大家的眼帘："别忘了高平。"

凝聚一团

珠峰共攀

NINGJUYITUAN ZHUFENGGONGPAN

凝聚一团 珠峰共攀

　　长治专区人民剧团第一分团组建之后，集中了长治、高平的上党梆子艺术精英，主要演员有郭金顺、段二淼、温喜云、王东则、马高升、吴婉芝、杨荷叶、关聚宝、刘喜科、徐执忠、廉明昌、薛万青、李冬莲等，真可谓演员阵容强大，是解放后属于专区的第一个专业梆子剧团。而第一分团在地委、专署的领导下，也不负众望，决心打造优秀剧目，在表演技艺上精益求精，努力攀登上党梆子的艺术高峰，出精品、出名角，使上党梆子不仅走出了东阳关、子洪口，而且走出了娘子关，也使上党梆子不再是只活动在一个狭小地域的地方剧种，它的活动空间已经伸展至全国各地，跻身于中国优秀戏曲剧种之林。

　　第一分团组团之后的当年11月，他们便代表长治专区参加了山西省第一届戏剧会演。会演中，郭金顺、吴婉芝担纲主演《寄女杀家》，郭金顺饰演冯

亮，吴婉芝饰演段碧霞。段二淼演出了《清河桥》，王东则演出了《访永宁》，均获得高度评价。这次会演，第一分团同省里其他剧种的演出团体互相交流切磋，互相学习，使自己的表演艺术得到了提高。上党梆子在首届会演中受到了与会专家、代表和各兄弟剧种以及省城人民的赞誉，对剧团本身也是一个莫大的鼓舞。

在这段时间里，第一分团先后加工排演了《法门寺》《秦香莲》《皮秀英打虎》等。在《法门寺》中，郭金顺饰赵廉，吴婉芝饰宋巧姣，刘喜科饰刘瑾，温喜云饰宋国士，王引姣饰孙玉娇，牛玉周饰傅朋。在《秦香莲》中，郭金顺饰陈世美，吴婉芝饰秦香莲，刘喜科饰包拯，温喜云饰王延龄。《皮秀英打虎》是根据上党梆子传统剧目《坐山吵窑》由中国戏曲研究院李刚同志改编的，由程联考导演，吴婉芝饰皮秀英，王东则饰吴祯，郭金顺、徐执忠轮流饰皮虎。这几个戏成了剧团的保留剧目，让上党地区观众大饱眼福，至今久演不衰。通过这几个戏的排演，大大提高了演员的表演水平，协调了演员的相互关系，渐渐消除了潞府派和州底派历史上存在的隔阂，增强了剧团拿出精品为上党梆子增光的决心与信心，全团出现了蓬勃向上的精神风貌。

1956年7月，长治专区人民剧团以两个分团为主，并邀请了各县一些名老艺人如晋城的申银洞、赵德俊、曹二土、阎发生、晋德山（小黑旦）、张玉山（鼓师），屯留的杨福禄、李旭，陵川的李不旦、贾三马，武乡的李海水（襄武秧歌的名演员），长子的宋玉富，黎城的靳金娥，阳城的胡金荣，长治县的夏冰等，组成了长治专区赴京汇报演出团进京汇报演出。演出团于9日抵京，11日举行招待演出，12日至25日在民主、中和、吉祥、长安等剧院公演，26日至

30日又举行招待演出。总计公演十七场，招待演出六场，演出剧目三十个，其中上党梆子十九个。《皮秀英打虎》共演了七场，《黄鹤楼》三场，《东门会》《天波楼》各两场，《小宴》《送印杀差》《清河桥》《双挂印》《金玉佩》《一捧雪》《两狼山》《雁门关》《徐公案》《乾坤带》《混冤案》《双凤炉》《吵帐》《夸官拿府》各一场。上党落子演出了十一个剧目十九场，观众达一万四千七百多人。《人民日报》《光明日报》《北京日报》《工人日报》《中国青年报》《戏剧报》等报刊纷纷发表署名文章，中国戏剧家协会组织了座谈会，盛赞上党戏曲"淳朴豪放，豪迈高昂，粗犷有力，形象鲜明"。"表演朴实夸张，突出地刻画了人物性格。""唱腔音乐丰富，高亢而有韵味。""舞台布景气魄雄伟，简单而给人一种真实的感觉。""保存了很浓厚的传统，值得今后很好地继承、发扬。"中国唱片社还灌制了郭金顺唱的《两狼山》、吴婉芝唱的《皮秀英打虎》和他俩合唱的《徐公案》。在京期间，他们还观摩了尚小云、马连良、李万春、张云溪和电影表演艺术家田华等首都文艺界人士的演出，参加了中国戏曲学校和文化部举办的演员讲习会，聆听了几位戏曲专家的报告，受到了一场很生动的艺术教育，大大开阔了眼界，受益匪浅，知道了天外有天，人外有人，鼓舞了士气，增强了信心。此次汇报演出获得了意想不到的成功，它向中央领导同志和首都文艺界、首都观众展示了上党戏曲的优良传统和戏改成果。特别是《三关排宴》《徐公案》《金玉佩》得到了肯定和赞赏，《剧本》月刊1959年发表了上党梆子《三关排宴》和《徐公案》。宝文堂书店还将《三关排宴》与京剧《四郎探母》汇编成一册出版，也给了上党梆子以很大的支持与鼓励。

　　1957年5月，山西省举办第二届戏剧观摩会演，长治专区人民剧团第一分团参加演出的剧目是《三关排宴》，由程联考导演，郭金顺扮演杨四郎，温喜云扮演佘太君，吴婉芝扮演萧银宗。演出备受赞扬，获得了集体演出奖，郭金顺、吴婉芝、温喜云获演员奖。《山西日报》从5月4日起，连续发表四篇署名文章，盛赞《三关排宴》"真实动人"，"是杨家将爱国主义思想的进一步的具体反映"，"不只继承了传统艺术，而且有所发展"。

　　1958年，长治专区人民剧团第一分团改称山西省上党梆子剧团，亦称晋东南专区上党梆子剧团。

　　1959年，为慰问福建前线部队指战员，山西组织了山西人民福建前线慰问团，分三个大团四个演出团。四个演出团是四大梆子，即晋剧、蒲剧、上党梆子、北路梆子。上党梆子为第四演出团。1959年农历正月初二，演出团在团长郭金顺的率领下，乘车南下，经郑州、武汉前往福建，在福州、南平、厦门、鼓浪屿等处慰问演出。当时，厦门与金门岛仍在猛烈地互相炮击，演出只能在晚上进行，演出团在厦门为部队指战员演出的剧目有《三关排宴》《寄女杀家》《议榜夺元》《皮秀英打虎》等。为了使守卫海岛的将士也能看到演出，郭金顺还带着演出团登上炮艇为他们演戏，并将演出团分成若干小分队登上大嶝岛、小嶝岛以及甲屿等小岛，为战士们演出一些折子戏，表达了革命老区人民对亲人解放军的深情厚谊，受到了福建前线党政军民的热烈欢迎。战士们向演出团同志表示："什么时候不解放台湾，不把美帝国主义赶出台湾，我们绝不回家！"每次演出结束，战士们总是意犹未尽，恋恋不舍。有个战士对郭金顺说："看了亲人们的演出，给了我很大的鼓舞，我一定要多杀几个美国强盗，来感谢亲人！"战士们这种高度的爱国主义精神和顽强的战斗意志，使剧团全体演职人员深受教育和鼓舞。为了使前线战士人人都能看到演出，他们还借涨潮时，冒着生命危险在波涛汹涌的大海上，乘着颠簸的船只到只有三五个战士的礁石小洞中去慰问演出，激励他们誓死守岛的决心。在厦门演出时，演出团还遇见了不少解放战争时太行、太岳中国人民解放军长江支队的南下干部。他乡遇故人，见了格外亲，他们还请郭金顺、吴婉芝等人到他们家吃了由他们亲手做的高平十大碗和高平烧豆腐。

演出结束后，途经上海时，第四演出团观摩了华东地区的戏剧会演，他们也演出了上党梆子《三关排宴》。时任中共中央宣传部副部长的周扬同志还特意看望了他们，并说："我和你们家乡的著名作家赵树理很熟悉，读过他的作品，还写过一些评论。"其间，郭金顺和吴婉芝等人还观摩了著名京剧表演艺术家周信芳、越剧表演艺术家袁雪芬、沪剧表演艺术家丁是娥等人的演出。周信芳演出的《四进士》，其高超的表演技艺令大家佩服得五体投地。袁雪芬演出的越剧《祥林嫂》，唱腔低回婉转，情真意切，令大家折服。

福建前线慰问演出结束后，剧团返回省城太原。时值中国戏曲研究所的郭汉城、黄克保、李紫贵、李刚、潘仲甫、余从等同志来团帮助挖掘遗产，又让剧团排演了岳家戏《夺秋魁》《七缘案》《义恩缘》《举铁龙》等。时值国庆十周年前夕，剧团正准备排练节目向国庆十周年献礼，也想借助中国戏曲研究院专家们的帮助，将文艺界普遍看好的《三关排宴》打造成献礼精品。为了

使该剧在音乐唱腔上也有所改进，还特意请省歌舞团音乐家石岩前来帮助指导。长治县王希文、晋城县张玉山等也参加了这次加工。就在这时，郭金顺的老搭档，王连生从专区干部文补校学习结业后也来到晋东南专区上党梆子剧团担任党支部书记，他的到来得到了郭金顺和剧团全体演职员的信任和欢迎。王连生一来便马不停蹄地投入了工作。这年9月，山西省第三届戏剧观摩会演在太原举行，剧团演出了经过专家们精雕细琢的剧目《三关排宴》，郭金顺饰演杨四郎，温喜云饰演佘太君，吴婉芝饰演萧银宗。演出十分成功，受到了与会人员的热情赞誉。导演程联考在会上做了经验介绍，《山西文化》创刊号发表了《三关排宴》剧本。《戏剧研究》1959年第5期发表了黄克保的《上党戏〈三关排宴〉的导演处理》。文章充分肯定了戏剧艺术家对《三关排宴》导演处理的卓越成就，对优秀艺术遗产的继承和发展提出了自己的看法。令人没有想到的是戏快结束的时候，国务院副总理陈毅同志在省委书记陶鲁笳和省长卫恒等人的陪同下兴致勃勃地走上了舞台，和演职人员一一握手。陶鲁笳请陈毅讲话，陈毅说："这是卫恒同志的家乡，还是请卫恒同志来讲么！"卫恒急忙说："我跟他们经常见面，您是客人，还是请您先讲吧。"台上台下爆发出热烈的掌声，剧团演职人员的脸上都溢满了兴奋和激动。

"那就恭敬不如从命，你们的戏演得很好！抗日战争时我到过你们晋东南，那是一片英雄的土地……你们演出的《三关排宴》，向观众充分展示了一种高度的爱国主义精神，我看可以把它拍成电影。对于传统的戏曲艺术，只有在继承的基础上才能有所创造、有所发展哟。"陈毅的一番演讲赢得了一片热烈的掌声。王连生当即表态：

"我们决不辜负陈老总的期望，一定要把《三关排宴》锤炼成一部好戏，争取早日拍成电影，搬上银幕！"

俗话说："十年磨一剑。"《三关排宴》就是一个典型的范例。不过，这才刚刚开始。

赴京上影

全国驰名

FUJINGSHANGYING QUANGUOCHIMING

戲

赴京上影 全国驰名

　　早在1956年，长治专区组织赴京汇报演出时，
赵树理便曾多次提意加工上党梆子剧目，但没有引
起重视。为此，赵树理建议举行内部演出《忠孝
节》（晋城一带叫《忠节义》，长治一带叫《忠孝
节》），才引起了全国剧协和首都一些戏曲专家的重
视。1957年山西省第二届戏剧会演时，长治专区人
民剧团第一分团整理加工的《三关排宴》就曾大获
好评。1959年，在原中国戏曲研究院几位专家的协
助下，专区上党梆子剧团对此剧重点加工，作为向
国庆十周年献礼节目。这年9月，晋东南代表团在山
西省第三届戏剧会演时，用的是《三关排宴》。长春
电影制片厂导演张辛实看了戏后非常高兴，建议拍
成电影。经双方协商，晋东南专区上党梆子剧团于
1960年9月份去了长春。

　　《三关排宴》是上党梆子的传统剧目，是上党梆
子《昊天塔》连四本的最后一本。第一本是《昊天

塔》，说的是北宋老将杨继业为国捐躯后，萧银宗敬其忠烈，将尸骨收入昊天塔内，其子杨六郎派孟良前往盗取尸骨。第二本《五绝阵》，是演杨六郎见父亲尸骨，又痛焦赞、孟良二将丧生，悲伤而死。萧银宗趁机率兵来犯，杨六郎之子杨宗保率师抗敌，陷入五绝阵，为被俘降敌的杨四郎杨延辉救出。第三本是《八姐盗发》，说的是佘太君患病，八仙之一的汉钟离来医，说必须服萧银宗头上之发方愈。为此，杨八姐化装入辽营，由焦光普、杨四郎为内应盗回"龙发"，佘太君服后痊愈，率军打败萧银宗。第四本即《忠孝节》，是说萧银宗兵败，忍痛到三关议和。佘太君奉命代主践盟，在三关设宴，款待萧银宗。议和后，佘太君提出杨延辉之事。为此，萧银宗气得当场吐血，杨四郎妻桃花公主摔死娇儿，碰头而死，杨四郎随母归宋，在佘太君痛斥下碰死金殿。而《三关排宴》则是截取其第四本，经过加工改编而成。赵树理对此戏很是欣赏，曾称赞这本戏的无名作者是"中国的莎士比亚"，为它的改编付出了很大心血。

1960年9月18日，晋东南专区上党梆子剧团赴长春电影制片厂拍摄《三关排宴》，欢送仪式在戏校小礼堂举行。地委代理第一书记隆达，书记处书记郭树森，宣传部文艺科科长张毅力，文教局局长王新甫、副局长徐飞，以及正在长治的省委宣传部副部长江萍和赵树理等也应邀出席。会上，赵树理鼓励剧团同志"要鼓起爬上珠穆朗玛峰的干劲，多向别的剧种学习，吃些'硬馍馍'回来，在艺术上把上党戏推向一个新的高峰"。

剧团赴长春时路经太原，曾向省领导做临别汇报演出，副省长王中青提出了不同意见，让省文化局副局长寒声同志另外加工改编剧本，否定了程联考、栗守田改编的本子，引起了对剧本的争议。

剧团到长春电影制片厂后，同时拍摄的有其他剧种的《冬梅》《甲午风云》《刘三姐》《柳毅传书》《钗头凤》等，而《三关排宴》还排在老后面。特别令人气馁的是长春电影制片厂的领导和业务人员，几次观看《三关排宴》的舞台演出后，觉得不好处理山西省政府和剧团对剧本的分歧，对由程联考、栗守田等人及后来才送来的由寒声同志改写的两个剧本不置可否，建议剧团回省加工修改。12月31日，长春电影制片厂党委书记兼厂长亚马同志还和剧团座谈，劝慰大家不要灰心丧气，要再接再厉，争取早日上银幕。剧本剧本，一剧之本，既然剧本不行，其他努力都是枉然了。就这样，剧团在长春电影制片厂白白待了三个多月，不得不令人遗憾地带着厂方的修改意见，于1961年1月11日返回山西。

长春之行无功而返，剧团演职人员一个个怅然若失，心灰意冷，但压力最大的还是王连生和郭金顺。《三关排宴》没有拍成，他们总有一种无颜见江东父老的感觉。回来后，经多方协商，他们带着晋东南地委、专署领导的重托，决定请赵树理出山，帮助修改剧本。1961年2月，赵树理由京返回长治，地委宣传部、专署文化局和上党戏剧院向他介绍了长春电影制片厂对《三关排宴》的修改意见后，赵树理欣然允诺，表示可以帮助修改。上党戏剧院当即向长春电影片厂发函，转达赵树理的意见，长春电影制片厂也来电希望由赵树理着手整理。紧接着赵树理便把自己关进长治宾馆的房间内，开始投入了对《三庆排宴》的修改和创作之中。很快，初稿在3月底脱稿，剧团便排演"赵本"。

经过赵树理整理修改的《三关排宴》，保留了原剧的精华，剔除

了糟粕，弥补了不足，使得剧本主题更加突出，形象更加鲜明，剧中的人物更加丰满。有的则给予新的血液，使一些平平常常的角色变成了有血有肉的人物。剧中增加了第一场作为铺垫，表现佘太君作为母亲也有爱子慈祥的一面。但在第四场杨四郎说了"还望母亲看在母子份上容儿一时"后，便勃然大怒，说出了"眼前重见亲生子，反惹老身满面羞"的话。当杨四郎自刎后，她苦笑三声，泣不成声，最后一句"而今一死尚知羞"，对杨四郎做了历史的总结。对于杨四郎投敌叛国，原作尚有同情的一面。但在赵树理的笔下，杨四郎只有死路一条，正如杨排风所言："像这样活下去将将就就，也不过是一个无期长囚。"致使杨四郎临死时唱出了："娘啊！你把儿当作连心之肉，只可恨不肖儿不肯回头。"算是对自己行为的总结。改编本增加了焦光普和杨排风的戏，也使佘太君和杨四郎的形象更加鲜明。赵树理是中国作家中有名的语言大师和"铁笔圣手"，改编后的剧本，语言流畅，通俗易懂，形象生动。如桃花公主看到杨四郎首鼠两端、惊恐可怜之状时，唱道："你好比糖糕撒上胡椒面，辣不辣来甜不甜。"形象地表明了她对这个人的矛盾心情。赵树理改编剧本时并非随心所欲，而是严肃审慎，决不乱改乱删，正如他所说："《三关排宴》的作者是个大手笔。要改人家的作品，必须特别注意叫我们的能和人家的配得住才行。""既要继承，又要发展。"在《三关排宴》中，赵树理根据长春电影制片厂的意见，未采纳《金殿责子》一场，新写了第四场，使全剧更加精炼紧凑，和原本紧针密线，水乳交融，毫无破绽和痕迹。赵树理改编完后，在编剧一栏里他坚决不同意只署自己的姓名，连"编剧""改编"的字样都不让写。因此该剧在拍摄时，只是在剧名之后并列地写上了"山西省上党戏剧院整理、赵树理同志协助整理"，令大家尊重和敬佩不已。

1961年5月21日，赵树理由长治起身赴长春电影制片厂研究《三关排宴》修改本，随行的有王连生和栗守田。26日抵长春，住在人称小白楼的长春市宾馆。半个月内，赵树理与长春电影制片厂有关人员座谈了三次，进行了充分的探讨。长春电影制片厂的同志开玩笑说："你赵树理大作家的手笔，谁敢说不行？"但是有一些细节还得研究。6月11日，赵树理一行又返太原，继续加工。

1961年8月1日，晋东南专区上党梆子剧团第二次赴长春电影制片厂拍摄。临行前，晋东南地委、专署在当时国民经济极度困难时期仍请示上级有关部门，为剧团特批了三十多两白银黄金做头饰、行头，几十张专供军用的牛皮做戏箱，以保证高质量、高水平地拍好电影。这是中国几千年来从来没有过的事，足见地委、行署领导对这件事的重视。剧团7日到达长春，赵树理12日到达。省里又派省歌舞团石岩来团协助搞音乐设计。16日夜，长春电影制片厂有关人员看了《三关排宴》，决定由刘国权负责导演，姜树森任副导演。赵树理又一次对剧本进行加工后，于9月19日返回北京。长春电影制片厂的《电影文学》于1961年9月号发表了赵树理协助整理的《三关排宴》。

剧团在9月下旬起开始细排《三关排宴》，由郭金顺饰演杨四郎，吴婉芝饰演萧银宗，佘太君原由温喜云饰演，但男扮女装不符合长春电影制片厂的要求，最后选定潞城县上党落子演员郝聘之调入剧团来演此角色。王凤娇饰演桃花公主（高玉林配音），郭堂虎饰演杨宗保，宋清秀饰演焦光普（由郝同生配音），李素秋饰演杨排风。音乐设计石岩、马天云，鼓师李德全，琴师靳山海。

　　1961年10月13日试装，10月24日试拍，试拍由郭堂虎、高玉林两人进行。就在这时，罗瑞卿副总理与陈毅副总理的夫人张茜出访苏联后回国，途经长春，住在南湖宾馆。罗瑞卿抗战时期、解放战争时期曾长期在太行战斗和工作，和赵树理很熟悉，酷爱戏剧，对上党梆子很有感情。听说上党梆子剧团在这里拍摄《三关排宴》，提出要观看。剧团同志听到此消息，欣喜若狂。为此，剧团在南湖宾馆小礼堂进行专场演出。演出之前，张茜还走进后台，亲自帮演员们化妆。演出结束后，在赵树理的陪同下，罗瑞卿、张茜、吉林省委省政府的主要负责人和亚马走上舞台，和大家一一握手并合影，罗瑞卿说："赵树理同志，你为太行、太岳革命老区的人民办了一件大好事啊！戏改得好，演得也好！"又说："希望长影的同志和剧团的同志共同努力，把《三关排宴》拍成一部高质量、高水平的好电影。建议剧团在拍完戏后路过北京，在北京也演上几场，让首都的观众也过一把你们上党梆子的戏瘾。到时候有啥困难，尽管找我罗瑞卿。"赵树理当即高兴地说："谢谢大将军！一言为定！"演出结束后，在剧院会议室召开了有吉林省委、省政府领导，长春电影制片厂领导和导演，剧团领导王连生和郭金顺及主要演员参加的座谈会。罗瑞卿讲述了他在太行、太岳地区工作时看上党梆子的情景，认为上党梆子在抗战时期和解放战争时期均做出了很大贡献。他还说《三关排宴》是一本好戏，一定要拍成一流水平。第二天他返京临行前，在机场还对吉林省委送行人说："这次到长春有三点收获，其中之一就是看了一场好戏——上党梆子《三关排宴》。"

　　1961年11月6日开始前期录音（录唱腔），先试了几天，13日正式录音，11月底完成。到12月4日摄制开始入棚。因机器发生故障，至11日才正式开拍，1962年2月初拍完。接着进行后期录音（录道白、录锣鼓点），3月中旬全部完成。

郭金顺是幸运的，他赶上了一个戏剧事业繁荣的好时代，他遇上了酷爱上党梆子的赵树理，特别是电影舞台艺术片的拍摄，使得《三关排宴》千锤百炼，终于成为一部集思想性、艺术性、观赏性都很高的经典剧目，为上党梆子创造了又一高峰。

1962年4月，剧团离开长春返山西，路过北京，想在北京公演几场。正好赵树理和罗瑞卿在一块开会，说起这件事，罗瑞卿立即交待北京市副市长万里同志负责，万里当即给剧团做了半个月的演出安排，包括吃住和演出场地等。其间，他们在北京的吉安、广和剧场和民族文化宫等地演出了数场。此次演出观者如潮，一票难求，京华轰动。中国剧协还为《三关排宴》的演出召开了专门的座谈会，对郭金顺、吴婉芝、郝聘之等演员的演出给予了很高的评价，记者杨波撰文在《人民日报》发表。著名戏曲理论家曲六乙还撰文，对《三关排宴》一戏赞不绝口。

这月下旬，罗瑞卿副总理安排晋东南专区上党梆子剧团到国务院小礼堂为中央首长演出，还事先向周总理介绍了剧情和重点场次。1962年5月2日，这是令剧团每个同志兴奋、激动和终生难忘的夜晚，演出如期举行。戏还未开演，曾经在太行山区战斗过的朱德委员长拄着拐杖来了，李先念、罗瑞卿、乌兰夫副总理和包尔汉副委员长和华北局的李雪峰书记也来了，特别是中国人民心目中最敬爱的周恩来总理在日理万机中还抽出时间观看了《三关排宴》中的《排宴》一场。中央首长对《三关排宴》的演出给予了充分的肯定和赞扬。演出结束后，罗瑞卿、李先念、乌兰夫、包尔汉等中央领导

1962年，罗瑞卿接见吴婉芝（右一）、王凤娇（右二）、高玉林

人与赵树理上台接见了全体演职人员，并和大家一起合影留念。上党梆子演到了中南海，这是上党梆子的大幸，是剧团的大幸，也是每个演职人员的大幸。至今每当忆起这段经历，演职人员都刻骨铭心，历历在目，沉浸在幸福之中。

《三关排宴》以及《徐公案》等几个剧目在北京演出，京城观众赞不绝口。无论是剧本，还是表演、导演以及唱腔音乐，在推陈出新、继承与发展上都得到了大家充分的肯定。在郭金顺、吴婉芝、郝聘之等两代演员的共同努力下，将上党梆子这一古老的传统戏曲艺术，推向了一个新的高峰！对于上党梆子来说，也是一个新的更高层次的大辉煌。

5月上旬，剧团回到太原，做了数次汇报演出。5月17日，省文化局、省戏剧院为《三关排宴》举行了座谈会。6月初剧团回到长治，地委、专署在 6 月 7 日亦举行了座谈，对剧团载誉归来表示祝贺。

《三关排宴》在全国发行放映之后，即有湖南、湖北、四川、吉林、陕西、福建、浙江、贵州，甚至远至新疆等省、自治区的数十家剧团来电来函索要剧本，准备移植排练。上党梆子这一古老的剧种从此焕然一新，走向全国，其影响之深，可见一斑。人们都说，上党梆子之所以能够有这样辉煌的成就，多亏了赵树理老师。没有赵树理的支持，就没有上党梆子的今天。他对家乡戏的挚爱和深情让人为之动容，他为上党戏曲的发展所做的贡献功不可没。当然也离不开上级党委、政府的支持，还凝聚着郭金顺的大量心血。

技艺精湛

享誉剧坛

JIYJINGZHAN XIANGYUJUTAN

技艺精湛 享誉剧坛

　　郭金顺一生从事戏剧事业，为上党梆子戏曲事业的发展做出了不可磨灭的贡献。在上党戏剧界，他是继赵清海之后无与伦比的杰出的表演艺术家，是山西上党梆子第二代领军人物，是上党戏剧界彪炳史册的巨擘、戏魂和巨塔丰碑。他驰骋上党剧坛，稳执菊部之牛耳五十多年。在五十多年的舞台生涯中，他演出了数以百计的剧目，如上党梆子《两狼山》《乾坤带》《雁门关》《三关排宴》《徐公案》《混冤案》《赏花楼》《法门寺》《东门会》等；上党皮黄《打金枝》《九龙峪》《挂龙灯》《清河桥》《苦肉计》《白玉带》《一捧雪》等；上党昆曲《长生殿》《赤壁游》《打代州》等；罗戏《打面缸》《顶灯》等，卷戏《小秃取鼓》《卖荷包》等；现代戏《白毛女》《赤叶河》《十里店》等。在众多的剧目里，他成功地塑造了杨继业、赵匡胤、高怀德、杨四郎、杨八郎、海瑞、唐玄宗、唐代宗、陈世美以

及黄世仁、陈焕彩等一大批呼之欲出、令人难以忘怀的艺术形象，用一生的心血浇开了太行山上的艺术之花，为上党梆子的继承与发展做出了巨大的贡献。可以这样说，上党梆子的成熟，上党梆子的高峰，上党梆子并列于全省四大梆子之中毫不逊色，并在全国戏剧百花园里占有一定的地位，是由郭金顺和他带领的团队来完成的。

人说郭金顺有三好，即"妆好、嗓好、人好"。妆好，是说他身材魁伟，相貌堂堂，扮谁像谁。正如《人民日报》资深记者、评论家韩钟昆所说："金顺宽阔魁伟的面孔，炯炯有神的眼睛，俊秀适量的身体……使观众非常惊奇。"天生一块唱戏的好料子。嗓好，是说他天生一副好嗓子。俗话说："担担子靠膀，唱戏的靠嗓。"这是唱戏的先决条件。郭金顺以唱须生、老生为主，他集上党戏曲行腔精华于一身，形成了自己优美酣畅、清新婉转，既粗犷又细腻，既高亢又轻柔的独特的演唱风格。内行观众最欣赏他《徐公案》中海瑞"贫女上堂……"一句的咬字、切音和扬腔；《乾坤带》中"听说拿来杨宗保"对"宗保"二字的喷口；《秦香莲》中陈世美"你把我当朝驸马怎开销"一句的冷峻逼人、斩钉截铁的力度……更有《两狼山》中扬继业"夜沉沉冷森森初更时分"这段脍炙人口的老生唱腔，低回婉转，深沉苍劲，简直令人百听不厌，颇有余音绕梁，三日不绝的神韵。他唱、念优雅绝伦，令人如闻仙乐。他的叫板艺术千姿百态，有的庄严肃穆，有的清新活泼，有的幽默风趣，有的凄惨悲伤各具特色，从不雷同。他的唱腔高亢，千锤百炼。以声表情，寓情于声，潇洒流畅，清新明朗，重视挑、吞、揉、顿、挫等技巧的应用，婉转优雅，令人叫绝，给上党梆子增添了新的唱腔。关于人好，亦即人品好，他的人格魅力在戏剧界有口皆碑。

还有人说，郭金顺之所以能成为上党梆子的巨擘、戏魂，是因为他除了妆好、嗓好的天然条件外，还有一个重要条件，就是运气好，亦即有一定的机遇。这运气包括：好家庭，自幼生长于梨园世家；好老师，有戏王赵清海这位名师、高师做老师，名师出高徒；好时代，解放以后，百业待举，百废待兴，为戏剧事业的发展提供了好的环境。好搭档，在万亿班时遇到了好东家、好掌班；在朝阳剧团、第一分团当团长时遇上了王连生这样的好搭档、好支书；特别是遇到了赵树理并得到他的鼎力相助。由于上述条件，使他成名最早，十四岁便唱红了高平，被人誉为"小红生"；红的时间特别长，从十四岁上成名到六十八岁去世，一直是头牌演员、戏班台柱，一直享誉剧坛，红了半个多世纪；名声大，他领导的晋东南专区上党梆子剧团从上党地区唱到全省各地，唱到银幕上，唱到国务院、中南海，成了全国知名的演员。山西四大梆子中，他同吴婉芝与晋剧的丁果仙（果子红）、牛桂英；蒲剧的阎逢春、王秀兰；北路梆子的贾桂林（小电灯）并驾齐驱，同为一大剧种的代表人物。这些都是说的他的先天因素和客观条件，还有就是他对戏剧的痴迷、坚忍不拔的毅力和对艺术精益求精、孜孜不倦的追求。郭金顺的艺术魅力就在于他既能继承传统、秉承师训，形成自己的独特风格，又能锐意创新，融诸家之长于一炉，给传统艺术以新的生命力，把上党梆子表演艺术推向了一个新的高峰。他凭着聪颖的天资和坚韧的毅力，将赵清海教的剧词、唱腔以及舞台技艺，统统烂熟于心。郭金顺主攻须生，但一专多能，对上党梆子昆、梆、罗、卷、黄五种声腔都有造诣。他不光会唱生角中的须生、长靠武生和老生，还会唱大花、二净、小丑和老旦，是个精通戏路的多面手。他练嗓子

不仅练各种板腔的各种声调，而且练啊、喔、依、噢、吁五种腔韵，发肺腑之气，练丹田之音，喉鼻共鸣，群众称他"满口嗓子"。作为上党梆子的领衔生，郭金顺不仅具有好的形体，而且有好的声音，好的"四功五法"基本功，在唱、念、做、打等各个方面奠定了深厚的表演艺术功底。有的观众说，看金顺的戏，既享耳福，又饱眼福。

天然的禀赋，只不过是一块没有雕琢的璞玉，要想成器，还得经过精雕细刻。郭金顺在演出上党梆子剧目时之所以能那么炉火纯青，技艺精湛，完全是他自己精心钻研、千锤百炼出来的。他的精湛技艺，完全是博采众长学习得来，靠不断追求的实践得来，靠耳濡目染的熏陶得来，靠长年累月的积累得来。前面已经说过，还在他当徒弟时，便靠着自己的心灵、眼尖、手快，一有机会便跟师父学艺道。当小军跑龙套时，眼睛随着师父的手势、步伐、眼神转。回到台后时，更是亦步亦趋。郭金顺善于向师父学唱，向老辈艺人学习。他根据自己的发音条件，吸收了许多前辈老艺人的唱腔，形成了自己的唱腔。在二黄腔上，他吸收过赵清海、靳伯庐的唱腔，在梆子腔上吸收过赵清海、靳伯庐、郝根池的唱腔；还学过段二淼、冯国瑞的叫板；在《雁门关》杨八郎《坐宫》时的唱腔上，他吸收了赵清海和靳伯庐的一部分唱腔。靳伯庐唱"适才藩王对我讲"一句的拖腔时，有个嗨嗨腔："适才嘿嗨——藩王——对我讲。"那婉转的音波，像小溪跌宕生声，又像清泉荡起涟漪，听起来很美。而赵清海唱这一句时，发音平而稳，清丽而优雅，听着很文气。而郭金顺在唱"马踏淤泥乱箭穿"一句中，既含有赵清海的清丽，像一池平稳的湖水；又融入了靳伯庐的湾调，像池水忽然生波。通过自己的歌喉把两种唱腔柔和巧妙地融汇在一起。郭金顺曾说："我不主张单纯模仿别人的唱腔，要把别人的精华当作营养来弥补自己的不足。在道白上，首先要改土字，这不等于学京白，要学本剧种的舞台语。道白要有韵，牙关要有劲，要分出节奏，掌握语气。"在基本功方面，要"在上党梆子的原有基础上，把不合理、不美观的动作加以改进"。他是这样说的，也是这样做的。据著名演员王桂兰说："师父唱《雁门关》时，把'老娘'唱成'老郎'，我说这样唱不好听，外地人也听不懂，应该改过来。郭金顺老师对我的意见欣然接受，以后再唱时便改了。""师父没有架子。没有因为我是小孩子、小徒弟，只要你的意见正确，谁说的都听。"过去上党梆子须生演出时有些做派和姿势不好看，如有时撅屁股，经人提出后，郭金顺便改了。过去上党梆子《雁门关》里杨八郎《探母》中有一段唱，从叫"娘啊"到"不孝八郎问娘安"，经郭金顺一唱，沉稳大方，婉转细腻，声控得体，催人泪下，把台上台下都带进戏里，确实把戏唱活了。

郭金顺十分注意博采众长，取长补短，创立自己的风格。演戏就像蜜蜂采花一样，非采百花之粉不能酿成蜜。郭金顺唱戏也是如此，不仅向老艺人学习，也向上党梆子的各种流派学习。上党梆子也有流派，有潞府派、州底派之分。同样是句"一颗明珠土内藏"，州底派演员唱起来，平衡、优雅，用气"软"；但潞府派演员唱起来，却"硬"而"猛"。"一颗"，先唱两个字，就来一个停顿，迸音很大，然后又急转直上，有股子豪迈的气概。在表演上也风格各异。面对上党梆子州底和潞府两大艺术流派不便异地演出的问题，他十分注意吸取两种流派各自的长处，对照各自的缺点和短处，消

除门户之见，取其精华，去其糟粕，改去方言土字，变革粗糙僵硬的表演程式，剔除故意做作的艺术技艺，让人能听得懂，听得悦耳，看得舒服。如他吸收了郝根池的潞府派的迭音，唱《混冤案》中"听此言骂狂徒少调失教"一句时，不仅有州底派的韵味，而且有潞府腔强烈的节奏，该徐则徐，该急则急，特别是后面四个字，咬字很重，一字一顿，很好地传达出了谴责语气。潞府派演员落座时，有时屁股歪斜；州底派演员走步时，身子有些东倒西歪，身段不够美。郭金顺改正了这些缺点，而提炼出了一副端庄、干净、魁伟的扮相（韩钟昆语）。

郭金顺演戏不仅注意向本剧种各种流派学习，而且还向其他剧种如上党落子、京剧、晋剧、蒲剧学习。如《秦香莲》中，陈世美有这么一句唱词："听说是饿死了我的父母。"上党梆子唱到这里时，声音要扬，但陈世美这时的心情却是暗暗哀痛。陈世美不认妻子，灭绝人伦，昧着良心说话，心里有鬼。当得知父母双双饿死，心里也哀痛却只能暗藏于心。唱扬腔显然是不合适的。对此，郭金顺做了适当的改进，他用了半句落子，很巧妙地传达出了角色欲哭不能、有苦难言的神情。但唱到"想当年中状元连科及第，荣华富贵金枝玉叶燕双栖"时，陈世美又是一副扬扬得意自我陶醉的神色。要表现陈世美的这种心情，梆子腔的流水板就有些不够了。在做工戏上，郭金顺吸收了兄弟剧种中的走步，如晋剧丁果仙饰唐王的身段步法和蒲剧阎逢春的某些步伐。上党戏走步，直出直入，腿不打弯，力的重心放在脚后跟上，走起路来还能听到通通通的声音。郭金顺吸收了兄弟剧种步伐的一些因素，脚稍往外迈一点，重心由脚后跟渐向脚稍移动，这样身段也显得好看多了。移植蒲剧

《归宗图》（《薛刚反朝》）时，他还吸收了蒲剧阎逢春的一些做工。如徐策唱"你看我身轻步快马难追"一句时，两手拈须，两腿抖动，精神矍铄，一身带戏，生动地表达了一种老当益壮的心情，比上党戏原来只由面部、手势做戏要富于表现力得多。

对传统的上党戏，郭金顺做了大胆的改革，力求使之更能表达角色的复杂心理，并美化舞台形象。但是不论怎样革新，他都始终以保持上党戏的优良传统和独特风格为界，他谨慎地吸收和上党戏接近的表演程式以及和梆子戏格调相一致的唱腔，吸收以后，仍然是上党戏的东西。所以郭金顺的艺术魅力，就在于他这种既能继承传统，秉承师训，形成自己的独特风格；又能锐意改革，大胆创新，给传统艺术以新的生命，把上党梆子艺术推向了一个新的高峰。经过他的努力改革，形成了郭金顺自己的以形舒目、以声悦耳、以情动心、以塑造人物取胜的十分严谨的独特艺术风格。

以形舒目，就是在他的扮相和手、眼、身、法、步的运用方面讲究形体动作的美观，以自己的艺术魅力，给人以美的艺术享受。

以声悦耳，就是在唱腔和念白方面，纠正了本地方言腔中令人费解的方言土字，掌握了气呼法，做到了以情排字，以字行腔，气呼适度，字正腔圆，悦耳中听。

以情动心，就是运用各种艺术的手段时，注重出情，以情感染观众，增强其艺术感染力。如《雁门关》中《探母》一折戏里，他扮演杨八郎，一声"唉娘啊……"的叫板，能叫得催人泪下。《挂龙灯》中《哭头》一节戏中，"我哭哭哭了声郑三弟哪……"的哭腔，能使人掩面而泣，为赵匡胤感到追悔莫及。他所塑造的《打金枝》中的唐代宗，《东门会》崔抒弑君中的陈文子，《苦肉计》中的鲁肃,《清河桥》中的楚庄王,《乾坤带》《雁门关》《董家岭》《天波楼》《闯幽州》《两狼山》《三关排宴》中的杨四郎、杨八郎和老年时期的杨继业,《赏花楼》中的柴荣等,都给人留下了鲜明形象。

　　郭金顺戏剧表演最突出的特点是能够认真分析剧情,准确地把握剧中人物的个性特点,运用一切艺术手段,表现剧中人物的内心情感。他的演唱情绪饱满,既能表现上党梆子粗犷、激越、刚烈风骨的基本特色,又能体现柔肠迂回、感情复杂的人物情节。他的唱腔圆润浑厚、字正腔圆、行腔纯净、清脆入耳动听。他非常注重面部表情,注重眼神传情,注重形体动作,将剧中人物的情感表现得惟妙惟肖,恰到好处。他常对徒弟们说,唱戏要"假戏真做","全剧在于脸,全剧在于眼"。他在《挂龙灯》一剧中饰高怀德,高怀德对赵匡胤杀死郑子明心中有恨,郑子明夫人陶三春正领兵反叛,赵匡胤求高怀德保驾,高怀德速向城楼跑去。这时的高怀德心情又恨、又气、又怕、又急。因此,在登城楼中,郭金顺创造性地运用

《闯幽州》剧照,郭金顺饰演杨继业　　《挂龙灯》剧照,郭金顺饰演高怀德

了有节奏的搓碎步、甩背旗。他双手提起靠腿，迈一层台阶，抖一下靠旗，先是碎步，继而搓步，旗随步摆，旗盔相映，其精美而巧妙的动作和恰当的面部表情，把个高怀德活灵活现地展现在舞台上，艺术效果十分强烈。每逢演到此处，群众无不报以热烈的掌声。他在《雁门关》中饰演杨八郎，当演到杨八郎随同公主探望萧太后病情一场时，杨八郎本来是以借看病为由伺机行刺，但当见到萧太后时，萧说："夜梦一人，手持钢刀前来行刺！"吓得杨八郎扑通一声趴倒在地。这时他却又把头抬了起来，让观众清楚地看到了他的面部表情。

郭金顺在演出中力求使自己扮演的角色富有生命，以神活形，以形传神，形神兼备。在《徐公案》中，郭金顺饰演御史大人海瑞。他分析海瑞这个人物，性情豪爽耿直，疾恶如仇，伸张正义。当他看见江上漂浮的尸首后，立即命人打捞上岸。他又不惧得失，不畏强暴，认准真理，不让毫分，皇帝头上也要管三分。因此，他和小王云南安民回来后，为渔民被逼投江之事，敢到汉阳堂徐千岁头上动土，立逼徐千岁延昭当堂铡子，替民雪恨。在《东门会》中，郭金顺扮演的陈文子，笑了几声，笑得也很有风味。崔抒将奉旨外出，其妻姜氏被齐王所诱，在宫中住了三日三夜。陈文子在十里长亭迎接崔抒时，把这件事说了，崔和陈文子一先一后地哈哈笑了。崔抒的笑，是冷笑、强笑，是气极了的狂笑，但陈文子的笑却复杂多了，他是假笑、陪笑、讽刺的笑，笑崔抒笑得可笑。人们说，郭金顺的戏演得很活很像、很幽默很风趣，富有浓郁的生活气息，看着看着，就把你带进真实的世界了。再如《打金枝》，郭金顺饰演唐代宗，他在登殿时的五十多句唱词，一气呵成，字字珠玉。

尤其是最后的"一步一步步步步步往上提"，郭金顺继承了赵清海的唱法，是全段的高潮，最为出彩。他巧咬字、善切音，字字推进，既恰到好处地表现了唐代宗当时的真实情感，又极为有力地推进了戏剧节奏，成为至今多有传唱的上党皮黄的著名唱段和经典之作。

郭金顺在自己的演出生涯中，最善于扮演戏台上的英雄人物，他给人们塑造了如杨继业、高怀德、海瑞、陈文子等一系列的英雄形象。这些人物有的赤胆忠心、为国尽节、大义灭亲，有的披肝沥胆，一副侠骨。郭金顺在扮演这些人物时，有刚，有庄，有热。庄是端庄、庄严、正派，而不是贼眉鼠眼的鬼祟人物；刚是刚毅、刚强、坚忍不拔；热是火爆热烈，常常是几个动作、几句唱词，再加上上党戏热闹的锣鼓，就能把那种激情、那个氛围、那个杀气表现出来。如《东门会》中陈文子《诓驾》一场，动作紧凑夸张，神采眉飞色舞，唱腔高亢有劲，特别是唱到"陈文子好比勾命鬼，那崔抒就是五阎君"，"坐车辇走的阳关道，回宫来刮一阵鬼旋风"时，边做边唱，边唱边舞，几个场合，就把剧情引向了高潮。晋东南人看郭金顺的《东门会》时，就常有人在路上问："哎，刮过鬼旋风了没有？"

在《三关排宴》一戏中，郭金顺演杨四郎。杨四郎是杨继业之子，在与辽军交战中被俘投敌，当了驸马。后辽军战败，宋辽和谈，三关排宴时，杨四郎随萧银宗及桃花公主也到了三关。这个角色台词不多，很不容易发挥演员的才能，因此十分难演。郭金顺却能通过认真挖掘这个人物的内心世界，利用一切艺术形式来表现。在两国议和时，通过他的沉思、踱步、搓手、甩发等动作，来展示他的犹豫不决、生怕事情败露的矛盾心情。《三关迎宾》一场，杨四

《三关排宴》电影剧照，郭金顺饰演杨四郎

郎本想随着人群蒙混过去，可是却被杨宗保认了出来，杨宗保扑通跪下道："迎接四伯父！"这对杨四郎来说，有如惊雷炸响，震得不知所措。他看看杨宗保，又看看自己。要躲没法躲，想溜溜不掉，又羞又窘，恨不得有个洞钻进去。最后，他一跺脚，用手使劲地把帽檐往下一拉，一侧身溜了。这个拉帽檐的动作，就是郭金顺创造的，既把人物的内心感受明显地外化，也具有非常强烈的戏剧效果。后来在《回拜》一场中，他鬼鬼祟祟，不敢正视太君。特别是萧太后昏绝那一场，他左右招架，疲于应付的神情，以及最后选定了站到萧太后这一边的细节，生动地揭示了一个叛徒的内心冲突和矛盾。为此《山西日报》曾有人发表署名文章《喜看好戏上银幕》，文章说："人们说上党戏风格中鲜明的特点是粗犷。但郭金顺饰演的杨四郎却演得细致入微，真切动人，特别是对于四郎那种极端矛盾复杂的内心情感，以及那副尴尬狼狈的神态，表现得较为深刻，可谓粗中有细了。"

顺便讲一个郭金顺救场的故事。有一次，他在饰演《挂龙灯》中的高怀德时，因舞台上的地毯没铺平，他在下场时，被鼓起的地毯角一拌，打了个趔趄，差点摔倒。但凭着自己的功夫，他马上站稳，还就势来了个回头亮相，然后摇动着背旗，英姿勃勃地下场。这一动作，虽为临场发挥，但获得了台下齐声叫好。于是也被以后作为演出程式固定了下来。

德劭品良

山高水长

DESHAOPINLIANG SHANGAOSHUICHANG

戏

德劭品良 山高水长

作为戏剧界名宿、上党梆子的代表人物，又是山西省上党梆子剧团的团长，长期担任着领导职务，郭金顺不仅在艺术上千锤百炼、炉火纯青，而且在政治上、思想意识上也时刻在加强修养，刻苦锤炼。郭金顺从不居功自傲，从不以艺欺人。年纪大了以后，舞台经验丰富，但郭金顺从不倚老卖老，故弄玄虚。无论对演员，还是对观众，都是坦诚相待。他胸怀坦荡，不谋私利，德艺双馨，有长者风范，其人格魅力在上党、在三晋有口皆碑。

新中国成立初期，晋东南各地演出戏价，有他出场，便高出一倍，没他出场便减少一半。全团演职员都提议为郭金顺提高薪水，却被他婉言谢绝了。

作为戏剧界名人，又是领导，他平易近人，脾气随和，对谁都笑脸相迎，从不以名人和领导自居。对于有的演员，特别是青年演员，有什么缺点错误，从来不训斥和指责，而是和颜悦色地开导，

讲清道理，说明危害，使被批评者心悦诚服。王桂兰、高玉林回忆说，听郭师父批评，如沐春风。有时，她们演完一场戏下场后，就穿着戏衣（或装）坐在大衣箱上，郭金顺见了，虽然心疼，但不发脾气，而是笑呵呵地拿着一个椅垫走过来，说："小师傅，请你站起来。"然后把椅垫放在大衣箱上，说："好了，你坐上吧。"弄得她们满脸通红，无言可对。他拍拍她们的肩膀，笑着说："这套戏衣都是从苏州买的，很贵，我们爱惜一点，能多穿几年。你们穿着戏衣坐，经不起磨损。我们要爱惜国家财产，注意节约。"一席话说得你心服口服，受到了教育。善言劝人三冬暖，恶语伤人六月寒。同是一句话，冷热不相同；同是批评，方法不同，这便是郭金顺的人格魅力所在。

在如何做人上，郭金顺经常说，要演好戏，先要做好人。他主张低调，说低调做人是一种境界，也是一门人生哲学。低调做人，不仅可以保护自己，融入人群，与人们和谐相处，也可以让人暗蓄力量，悄然前行，在不显山、不露水中进行。所谓低调做人，就是不要把自己的能量浪费在无谓的人际关系斗争中，即使你认为自己的技艺比别人强，也要学会保留，学会隐藏，学会克制，这是保护自己的有效的手段，也是做人的一种内敛艺术。不招人嫌，不卷入是非，无声无息地把自己要做的事情做好，出色地做好自己的角色（无论是戏剧舞台角色，还是政治舞台角色）。出色地完成自己的任务，永远是最重要的事情。不要埋怨自己的成绩成了别人的功德，不要抱怨上级领导不重视、不重用，怀才不遇。不要自视清高，不要招摇过市，那是一种肤浅的行为。他是这么说的，也是这么做的。郭金顺少年成名，从艺五十多年，红遍太行山，红遍三晋，但从不骄傲自满。他从朝阳剧团成立便是领导，到了长治专区人民剧团第一分团仍是团长，一直到"文化大革命"被夺权，从来无人和他争领导，也没听说他和谁有矛盾。他和王连生从朝阳剧团到晋东南专区上党梆子剧团一直是老搭档。他是非党干部，但始终尊重党的领导，二人配合默契，团结得如同一个人一样。有的人原来是自己的徒弟，有的是自己的下级，很快就入了党、升了官，但他一直没有入了党。对此，他曾对去采访他的记者说："谁心里能不急？我已经写了入党申请书了，正等着党支部和我个别谈话呢！"他毫无怨言，仍一如既往地工作，执着地追求。他经常对自己的徒弟和青年演员们说，一个人，无论已取得成功还是没有出师下山，为人处事都应该做到谨慎平稳，不惹周围人不快，尤其不能得意忘形，狂态尽露，要时刻记住低调做人。他还向同志们提了几点要求：一是在行为上要低调，财大不可气粗，居高不可自傲，做人不能太精明。二是在心态上要低调，不要锋芒毕露，不要恃才傲物，谦逊是终身受益的美德。三是在姿态上要低调，"大智若愚，实乃养晦之术"，羽毛不丰满，要懂得让步；时机未成熟时，要挺住。四是在言辞上要低调，说话时莫逞一时口舌之快，不可伤害他人自尊，不要揭人伤痛，做到得意而不忘形。当然低调做人，也不是让你低声下气、奴颜婢膝，而是要始终把自己当成普通一兵，使自己融入大众中去，融入社会中去，不追名逐利，不自命不凡，为人处事不张扬。要知道，低调做人是一种品格，是一种修养，是一种胸襟，是一种智慧、风度，更是一种谋略，是做人的最佳姿态。他还说，对自己要低调处事做人，而对别人则要宽容。宽容别人是一种度量，宽容别人的同时，自己的心境也就随之得到某种程度的放松。所以律己

要严，责人则宽，以宽容为上。他和人相处，别人有什么对不住他的地方，从来不记仇，一笑了之。他敦厚达观，诙谐风趣，不论老人、年轻人，常和人家开玩笑，往往于调侃中给人以启迪。郭金顺从艺五十多年，当领导近三十年，所以能得到大家的爱戴和拥护，威望这么高，其奥妙处恐怕也在这里。

郭金顺有句口头禅："好把式得有个好脾气。"他说的"把式"，是指艺术造诣，"脾气"指的是戏德。纵观郭金顺半个多世纪的舞台生涯，他堪称是集"好把式"和"好脾气"于一身的典范。他以身作则，身先士卒，认认真真唱戏，清清白白做人。他多年身居领导岗位，又是剧团挑大梁把式，但在他身上从来找不出一点儿自恃名角、以势压人的独霸主角的影子。对演戏，他从来不讲价钱，不计较角色大小。和好把式搭班，他从不排斥；和次把式一起演戏，也从不嫌弃；音乐打错了，也没发过脾气。在上党，郭金顺虽名气很大，但他从来不满足，虚心向他人学习。如他唱《仙云盏》中"学一个关公挡奸曹"一句时，嗓音拖得很长。段二淼对他说："县官听说丞相的儿子要去抢亲，心里急如星火，哪能慢条斯理地唱呢？"郭金顺听了觉得有道理，立即改正了自己的唱腔。剧团演《访永宁》时，扮演家院的角色不在，他立即化妆上演。他从不论角色大小、主次，什么角色缺了，他都去演，从来不讲价钱。他还常为小辈或徒弟配戏，自己甘当配角，以便给年轻人提供机会，以培养和锻炼人才。有一次，剧团在某地演出《挂龙灯》，他要青年演员王桂兰演主角赵匡胤，而自己甘当配角。他对王桂兰说："我给你配演高怀德。"王桂兰吓得出了一身冷汗。和师父、和名角搭班唱戏，王桂兰说甚也不敢。但郭金顺却鼓励她大胆演，不要有什么顾虑。真金不怕火炼，不锻炼怎么能出得了人才！后来唱《打金枝》，王桂兰饰演郭暖，郭金顺饰演唐王，王桂兰胆子就大起来，很快有了长进。还有一次，剧团在某地演《二进宫》，郭金顺饰演杨波，吴婉芝饰演李娘娘，让青年演员王才旺饰演徐延昭。当时王才旺不过是剧团里的一个小徒弟，怎么敢和大名鼎鼎的郭金顺、吴婉芝同台演戏？"借我个胆也不敢。"为此，郭金顺苦口婆心地给他做工作，说："不怕，不怕，你不要害怕，心里不要紧张，咱们互相配合，一定能演好。不这样，你怎么提高？"郭金顺的一席话，终于打消了王才旺的顾虑，演出获得成功。

在上党戏剧界，还有这样一段佳话。有一次，壶关县一个戏班邀请郭金顺去领衔主演《九仙台》。开戏前，他双手合拢，向全班演员说："师傅们，请送下来。"这是梨园行话，意思是请大家配合。然后，他又到乐队说一声："多包涵。"戏演完了，满堂彩，他却谦虚地连声责备自己"坏了戏"。郭金顺的表现，与那些稍有点名气就摆架子、颐指气使、不可一世的人形成了鲜明的对照。

郭金顺的人格不仅如此。在家他是一个大孝子，在师父那儿他是一个学而不厌的好徒弟，在剧团里他是一个诲人不倦的好老师。他还在童年便帮助父亲挑起了家庭生活的重担。父亲去世后，家庭生活贫寒，每隔一段时间，他就把自己挣得的工资全部交给母亲。母亲也对他非常疼爱，母子之情难以言尽。俗话说："一日为师，终身为父。"对自己的师父赵清海，郭金顺端茶倒水提尿锅，精心侍候师父。师父去世二十多年后，1962年冬，剧团在东宅村演出时，头一天晚上唱完戏，第二天一大早，他就迫不及待地让东宅村的干部陪他踏着半尺多厚的雪，冒着寒风，来到当年赵清海在三乐意班排

郭金顺与家人合影（前排左二为郭金顺，右一为张仁义）

戏、唱戏和休息的地方，仔细地给同行的人讲述当年师父在这个地方教他走场，在那个地方给他说戏，在这个地方给他吊嗓，在那个地方和他发脾气等往事，言谈中饱含着对师父的尊崇和敬仰之情。尽管当时的他已年近五旬，事隔三十余年，他仍然十分动情，使大家很受感染。20世纪50年代，他只要在陵川县一带演出，总会抽时间到赵清海的老家杨寨村去走一走、看一看，问他的后人们有什么困难，想方设法帮助他们。

郭金顺还非常重视培养徒弟，奖掖和提携后辈，无微不至地关怀着后学的成长。他对自己的徒弟悉心教诲，手把口传。就是其他人，虽然未行过拜师礼，他都当徒弟来对待。人们对他的种种教诲念念不忘，皆以师事之。受过他培养教育和照顾的人一批又一批。人言"金顺徒弟知多少，梨园尽称郭老师"，即便如今，"金顺虽死魂犹在，上党遍哼金顺腔"。许多后学都说："郭老师不是师父，胜似师父。"在上党戏剧界，提起郭金顺来，人人肃然起敬，没有人不称老师的。早在1945年，高平万亿班在本县围城村整训筹建高平县朝阳剧团时，郭金顺就慧眼识珠，选中了在村里唱秧歌的吴婉芝和李冬莲，认准她们是好苗子，是可选之才，下决心将她俩调入朝阳剧团，精心培养。

还有郭金顺的高徒马正瑞，他是经赵树理介绍，由郭金顺收为徒弟，并由亚马见证而拜师的。由于年轻时长期担任剧中主角，劳累过度致使在倒仓期将高音部分丢失，在演出中曾遭到观众的哄堂大笑甚至鼓倒掌。这对马正瑞刺激很大，心里万分痛苦。难道这一生就这样告别舞台了吗？正值马正瑞痛苦、惆怅、迷茫之际，师父郭金顺及时对他进行了开导和劝慰，说："孩子，别灰心，你嗓子不高可还浑厚，你还能唱，但必须闯自己的路。"还给他讲了一些嗓子不足也能成为好演员的实例，如京剧演员周信芳因为倒仓期嗓子不好，后来经过自己努力成了京剧海派的领军人物。为了给马正瑞治嗓子，郭金顺去上海开会时还专门为马正瑞买回了治嗓子的药，劝他喝下。在郭金顺的悉心指导下，马正瑞反复思考在老生唱法的基础上，吸收了其他剧种的一些唱法，将花脸腔糅入老生腔中，形成自己的独特唱腔，取得了良好的效果，得到了专家、同行和广大观众的认可。据马正瑞说："我师父对我就像对待亲生儿子一样，给我教戏毫不保留。"他在《打金枝》中扮演的唐代宗和《寇准背靴》中的寇准就得到了郭金顺的真传，被人誉为"活唐王""活寇准"。马正瑞还说："1962年，我结婚时，师父还送了我们一双袜子、一块丝巾。这在当时来说，是比较贵重的礼品。郭师父对我们说：'你们结婚，师父没有什么好的礼物。千里送鹅毛，礼轻人意重，希望你们好好唱戏！'"马正瑞结婚时穿的衣服（毛哔叽）都是郭金顺送给

《雁门关》剧照，郭金顺（右）饰演杨八郎，马正瑞饰演呼必显

的。还有孙有根，在剧团里一直任司鼓。郭金顺教他如何掌好鼓板，说："打鼓必须先学会打戏。掌鼓板是乐队的总指挥，必须首先熟悉剧情，熟悉演员的演唱，掌握全戏，要全局在胸。"孙有根是郭金顺的徒弟，郭金顺差不多把他当儿子看待。孙有根后来还在青年剧团当过团长。孙有根感慨地说："没有郭师父，就没有我的今天。"

王桂兰提起郭金顺，说："没有郭师父的帮助，就没有我的今天。他对年轻人很重视培养，不管是不是徒弟都认真地、一字一句地、一招一式地教。我从高平剧团调专一团就是郭老师办的。后来我随剧团到省里会演，回来后到阳城赶台路过高平，我说甚也不想走了，想还回高平县剧团。郭金顺老师苦口婆心地劝我：'人往高处走，水往低处流，你不要太任性，以后要后悔的！'最后我还是听了师父的话留在了专一团。"

郭金顺从来不以名人、师父自居，从来没有一点儿架子。有一段时间，剧团排现代戏《会计姑娘》。郭金顺年纪大了，记不住台词，他让马正瑞先去学，等马正瑞学会了，再一句一句地教他。这使马正瑞感到为难，世上哪有徒弟教师父的道理。郭金顺却说："这有什么关系？师不必不如弟子，弟子不必不如师，在这方面我就是不如你，你先记住再教我，不是也省了我的事了？不要不好意思！"就这样，马正瑞先去学会戏，然后一句一句地教郭金顺，这在剧团传为佳话。郭金顺为人随和，无论团内团外的人都处得来，特别是到农村演出，经常被老百姓请到家，坐在炕头上谈心、说戏。经常有村里人叫他去唱戏，随叫随到。高平北陈村是个戏窝子，剧团支书薛万青、名演员廉明昌都是这个村的。1979年2月26日，该村有个庙会，请一些演员去演戏，也请郭金顺去，当时郭金顺已休息在家，六十多岁的人了，但还是骑着自行车去了。当天演的是《秦香莲》，郭金顺饰王延龄，虽然唱词不多，但叫好声不绝。

《骏马岭》剧照，马正瑞（中）饰演罗金盾，王桂兰（右）饰演大妈，刘坤为饰演徐大伯

《打金枝》剧照，王桂兰（中）饰演驸马，原慧英（左）饰演升平公主

郭金顺有句忌恨"两端"人物的名言。他说，我最不待见"端老锅"和"端楼梯"的把式。"端老锅"，指当挑班的光顾自己发财，不管众人吃饭。"端楼梯"，说的是名演员为达个人目的，临开场时装病借故抗台。郭金顺的这句名言，既在梨园同仁中表现了自己在职业道德方面的见解，也反映出他本人的良好戏德。他身患严重的关节炎，跪下站不起来，唱一夜戏浑身难受，但他从不使懒，不讲价钱。有时碰到什么不顺心的事，也从不把自己的情绪带到舞台上来。他说，舞台是人民的舞台，戏是给人民演的。我们不能在舞台上闹情绪，做对不起人民群众的事。有的演员却不是这样，为了个人待遇，临演出时装病不登台，或上了台不好好演戏，奇腔怪调应付观众，被群众轰下台来。郭金顺从来没有这样做过，当了领导后更是严格要求自己。他虽不是党员，但时时处处按照党的要求办事，一心为公，不谋私利。他有两个闺女，一个儿子，没有一个安排到剧团上班或到其他部门的。儿子的工作还是他去世后相关领导给安排的。亲戚、朋友找他办事，他也是严格按照党和国家的政策办事，凡不符合政策的，他都婉言谢绝，绝不以权谋私。

他常说："咱是从旧社会过来的，什么苦头都吃过。1941年，晋东南遭荒旱，艺人死的死、逃的逃，要不是到根据地演出，性命早不知丢哪里去了。在旧社会，艺人是属下九流的，饱受班主的打骂，累死累活没人管。舞台上光彩照人，舞台下饱受屈辱。思想苦闷了，就吸金丹、抽大烟，每天鬼混，哪还顾得上提高艺术。要不是共产党挽救，上党戏艺术早就被摧残殆尽了。现在党和人民把我们当作艺术家，这么重视、支持我们的工作，我们不能做对不起党、对不起人民的缺德事！"

　　郭金顺年少成名，享誉剧坛五十多年。五十多年来，他从来没有以名角自居，抗台、耍台；从来没有利用自己的声望和手中的权力，为自己和家人谋取私利；除"要求入党"外，从来没有向党组织和上级领导提过任何个人要求；在剧团领导班子内，从来没有和别人闹过矛盾，不团结；对自己的下级，批评教育注意工作方法，从来没有指斥和训戒他人；作为师父，他言传身教，视徒如子；作为名角，他吃戏多、戏路宽，是全把式、大里手。

　　作为领导，他带领剧团多次参加会演，频频获奖。1960年，他出席了全国第三次文代会，受到了毛泽东主席的亲切接见并一起合影留念。1962年，在拍完《三关排宴》电影、回晋途中经北京，还到国务院小礼堂为中央领导演出，接见后与之合影留念。他是山西省政协委员、山西省文联委员、中国戏剧家协会会员、山西省剧协理事、长治市第六届人民代表大会代表。

金声玉润

响遏行云

JINSHENGYURUN XIANGEXINGYUN

戏

金声玉润 响遏行云

郭金顺的唱腔，功底深厚，五声腔技艺娴熟，声洪韵美，神完气足，字字入耳，珠圆玉润，字正腔圆，极富韵味，委婉动听，耐人寻味。他的唱腔千锤百炼，铿锵入耳，嗓音极好且运用自如。放开则高亢激越，声震屋宇；收敛则轻柔舒缓，如行云流水。演唱中依腔行韵，处处声情并茂。气息掌控有度，衔接自然，毫无雕饰。那唯美的音色，妙似天成的润腔，令观众叹服。尤其是他的皮黄戏，唱来更是韵味十足，令人听之心醉，广受观众热棒。他在《清河桥》中饰演楚庄王"孤王勒马到阵头……"的一段唱，悠扬委婉，气贯首尾，韵味绵长，为一时之绝唱。郭金顺之演唱，具有上党文化所具有的侠骨柔肠，渗透着上党文化的血脉，体现着上党文化的神韵，深为人民群众所称道和着迷，也为后人留下了极为宝贵的戏剧奇葩和艺术财富。

夜沉沉冷森森初更时分

《两狼山》杨继业(老生)唱

郭金顺　演唱

吴宝明　记谱

1=C

$\frac{2}{4}$ (0　0 | 3　5 | 3̲5̲　6̲5̲ | 3̲5̲　2̲3̲ | 2̲̇7̲　6̲2̲̇ | 3̲6̲　5 |

（打齐当当）

6̲5̲　3̲2̲ | 3̲2̲　1 | 1) 2 | 3　2̲7̲ | 6　0 | 0 (3̇·̲5̲ |

　　　　　　　　　　　夜　　　沉　　沉

5) 3̣ | 5̣　5̣ | 5̣　6̣ | 6̣ - | 6̣̲7̣̲　6̣̲5̣̲ | 5̣̲3̣̲　5̣ |

　　　冷　森　森

5̣ - | 5̣ - | 5̣ - | (3̲1̲　6̲̇2̲̇ | 7̲6̲　5 | 6̲5̲　3̲2̲ |

　（扎扎 扎扎）

3̲2̲　1 | 1) 3̣ | 3̣　2̣̲7̣̲ | 6̣　3̣ | 5̣ - | 5̣　6̣̲7̣̲ |

　初　更　　　　时　分,

7̣̲·̲　3̣ | 3̣　5̣ | 6̣ - | 6̣ - | 6̣ - | (6̣̲　5̣̲ |

　　　　　　　　　　　（以扎 以）

3̲　5̲　6 | 6̲5̲　3̲2̲ | 3̲5̲　1 | 1) 2 | 3　2̲1̲ | 1̲0̲　2 |

　　　　　　　　　　抬　头　看　　又

$3\ 2\ |\ \underline{1\ 1}\ \dot{6}\ |\ 3\ \overset{\frown}{\underline{5\ 6}}\ |\ 5\ -\ |\ (\underline{6\ 3}\ 5\ |\ \underline{0\ 7}\ \underline{6\ \dot{2}}\ |$
只见 月照　松 林。

$\underline{7\ 6}\ 5\ |\ \underline{1\ 2}\ \underline{3\ 3}\ |\ \underline{2\ 3}\ \overset{\frown}{\underline{1}}\ |\ 1)\ \underline{3\ 5}\ |\ 6\ 3\ 3\ 6\ |$
　　　　　　　　　　　　　　任 它 塞外 北

$3\cdot\underline{7}\ |\ \underline{3\ 5}\ |\ 5\ \overset{\frown}{\underline{6\ 7}}\ |\ \underline{6\ 3}\ 5\ |\ 5\ \overset{\frown}{6}\ |\ 6\ -\ |\ 6\ -\ |\ 6\ -\ |$
风 　严 寒 峻，　　　　　　　　（扎扎扎·各）

慢打慢唱

$(6\ \underline{6\ 5}\ |\ \underline{3\ 5}\ \underline{6\cdot\dot{1}}\ |\ \underline{6\ 5}\ \underline{3\ 2}\ |\ \underline{3\ 5}\ 1)\ 0\ 3\ \underline{3\ 3}\cdot 3$
　　　　　　　　　　　　　　　冻 不坏 精

$3\ 6\ \overset{\frown}{1\cdot\underline{6}}\ 5\ -\ -\ \overset{\frown}{6}\ -\ -\ \overset{5\cdot}{\underline{6}}\ (\underline{0\ 7}\ |\ \underline{6\ 0}\ \underline{0\ 3\ 5}\ |\ 6\ 0\ )\ |$
忠 报 国

$\underline{2\ 2}\ 2\cdot 3\ -\ \overset{\frown}{\underline{2\ 7}}\ \underline{6\ 5}\ \overset{\frown}{6}\ \overset{\frown}{5}\ -\ -\ |\frac{2}{4}\ (\underline{3\ 7}\ \underline{6\ \dot{2}}\ |\ \underline{7\ 6}\ 5\ |\ \underline{3\ 5}\ \underline{3\ 2}\ |$
铁石 心。　　　　（扎扎 扎扎）

$\underline{3\ 5}\ 1\ |\ 1)\ 3\ |\ 3\ \overset{\frown}{3}\ \overset{\frown}{6}\ |\ (0\ \underline{3\ 5}\ |\ 5\ 5\ |$
　　　　　念 只 念

慢打慢唱

$5)\ \underline{3\ 3}\cdot 6\ 3\ 3\ 6\ 6\ \overset{\frown}{\underline{3\ 5}}\ 5\ \overset{\frown}{6}\ -\ -\ |\frac{2}{4}\ (\underline{6\ 6\ 5}\ |\ \underline{3\ 5}\ \underline{6\ \dot{1}}\ |$
七郎 搬兵 无 音 信，

$\underline{6\ 5}\ \underline{3\ 2}\ |\ \underline{3\ 2}\ 1)\ |\ 0\ \underline{0\ 3}\ |\ \overset{\frown}{\underline{3\ 5}}\ \underline{3\ 7}\ |\ \underline{6\ 0}\ 5\ |$
　　　　　　　　不 由 人 朝

5 3 | 5 - | 6 - | 6 (7 7 | 6 6 | 6 7 7 | 6 - |

夕思　念

慢打慢唱

6　035 | 6　0) | 03　26 | 35　5- 6- 7 6- 5- | 5 - | 5 - |

挂　在　心。　　　　　　(啊)。(扎扎扎扎 以扎扎)

(37　62 | 76　5 | 35　32 | 351) | 0 3 3 3 7 (5

何一日

5 3 5) 5 32　3 6 3 2 3 - - - (3 | 2/4 3 7 | 6·5 | 3 5 6

盼　得　救兵　到，

6 5 3 2 | 3 5 1) | 0 3 5 3 3 6 3 5 - - 676　6 - - 67 63 |

何　一日凯歌得　胜

(6　3 5 | 6　0) | 5 - 6 5 6 5 3　2 7 0　6 1

还　　　　　　　　　朝

3　5· 6 - 6 5　5 - | (5　5 | 3 2　6 | 5 -) ‖

中　(啊)。　　　　(扎　扎　扎扎 以 (当)

注：此段演唱采用了中、低音区旋律，糅进了花脸音调，发展了老生唱腔，具有州底派风格。〔四六〕放慢速度演唱时，用 2/4 记谱。慢打慢唱时，梆速依旧。据1956年中国唱片社出版唱片(1354甲△561040)记谱。

郑三弟休鲁莽请下楼去

《赏花楼》柴王(须生)唱

1=G

赵清海　传腔
郭金顺　演唱
冯来生　记谱

扌) 0 ((叉 光 光 光)) 0 ((叉 光 光 光))) 0 (

(白)哎哎哎,哎,慢慢慢!　　哎,慢慢慢!　　　　哎,三弟!

〔紧大板〕♩=270

0 圪拉 | 光 | 光 | 光 光 | 0 | 6 | 3 | 5. | 5.) |

紧打慢唱

6 5 5 6 3·5 3 0 3 2 3 2 1 3 2 7 6 5 − 6 − |

(唱)郑三 弟 休鲁 莽　你请下 楼 去,

(叫板)

扌 6 6 − | (0 圪拉 | 光 | 光 | 光 光 | 0 | 5. | 5.) |

二 弟!

紧打慢唱

5 5 5 5 5 5 5 − 6 7 6 3 − 3 3·6 2 − 2 − 6 − 5 − |

赵 二 弟 切莫要　　吃恼 寡人。

3 6 2 3̂2̂ 6̇| 1 - 3̂ 3·5̇ 5 - 0 2 2 2 3̂5̇ 6̇|

二 梓 童　　　　　　且 忍 泪　　只 把 酒 饮，

(叫板)

ㄅ 6̇ 6̇ 6̇6̇ 7̇ 6̇ -| (0 圪 拉| 光 | 光 | 光光 | 0 | 5̇♦| 5̇♦|

哈哈 哈哈 二弟!

紧打慢唱

5 5 5̂ 3̇ 1̇ -| (叉 | 光光 | 光 | 5̇♦| 5̇♦|) 6 3

二 御 弟 (啊)　　　　　　　　　　　　　替 为

5 - 7 - 6̇ 6̇5 6̂5̇ 3 - 2̂7̇ 6̇3̂5̇ 6 - 5 - (光) ‖

兄　 (啊)　 差 将　　　　调 兵。

注:唱腔中叫板句的多次嵌入,给人以爽朗、风趣的意味。据1981年
郭金顺仿唱。晋东南文化局录音记谱。

抖抖精神撞金钟

《徐策跑城》徐策(老生)唱

郭金顺　演唱
吴宝明　记谱
四六板

1=C

♩= 96(叫板)

```
0    0 6  66 35  6  5 6  5·5  5 - |1/4  (0· 各|
(白)哈哈,(唱)薛 家的 威风 又 来  了 (嗬 嗬)!
```

```
以 各 |0 5 |3 5 |35 2 |i· iii |i i i i |2 7 6 2|
     各各以  当当)
```

```
7 6 1 5 |6 5 3 |3 5 1 )|0 3 |6 5 |6 5 |3 5 6·|
                      真 乃是 少年 无 知
```

```
6·5 |5 6 |5/3 3 |3 ( 3· |3· 7 |6·5 |3 5 6 |i 7 6 i|
多  无 礼,
```

```
3 5 6 |6 5 3 |3 5 1 )|0 5 |3 3 |3 6 |6 6 |3·5|
                    他 把我 世 代 王
```

```
3 |6 6 |6 5 |5 (6i5 |i765 |6i5 |653 |351)|0 6 |6 3|
侯 不挂  心。                       叫 家
```

紧打慢唱
```
3 3 5 |3 5 6·|(05 55 |55  3 3/5 5·i |i·2 72 7 7 6 |6 -|
院 领 爷        把城进 (呀),        (各各各
```

```
(6 5 |2/4 6 0 5 |6 0 0 5 |6 5 6  7 7 |6 5 3 5 3 5|
各各以 当)  (家院白)扶老爷上马。       (以各 以
```

6 0　0 7 | 6 7 6 5　3 5 | 6 5 6　7 7 | 6 7　6 5　3 5 |

(徐白)家院，(家院白)在!

6 0　0 7 | 6 7 6 5　7 7 | 6 0　0 7 | 6 7　6 5　3 5 |

(徐白)老爷今天只觉得身轻气爽，我要步行上朝。要你速快打马，与老太夫人报个喜讯去吧。

6 0　0 7 | 6 7 6 5　3 5 | 6 0　0 7 | 6 7　6 5　3 5 |

(家院白)噢——遵命!

6 5 6　i 7 | 6 7 6 5　3 5 | 6 0　0 | 6 7 6 5　3 5 |

6 5 6　i 7 | 6 7 6 5　3 5 | 6 2̇　i 7 | 6 7 6 5　3 5 |

　　　　　　　　　　　　　　　　　　　　　　(以　各　以

$\frac{1}{4}$ 6 | 6 | 6　0 6 | 6 5 | 6 6 | 6 5 | 3 5 | 5 5 | 5 5 |

当　当　当　以打　打　光

6 i | i i | i i | 3 7 6 2̇ | 7 6 5 |

6 5 3 | 3 5 1) | 0 $\overset{3}{\underline{5}}$ 3 5 3　5 | 6 $\overset{7}{\underline{6}}$ 6 5 6 - |

　　　　　　　　　　看 我 这 身 轻　步 快

126

(6 5 | 6 5 | 6 6 |) 0 3 5 5 5 - | (5 5   5 5) |
　　　　　　　　　　　马 难 追。

6 1 5 | 1 7 6 5 | 6 1 5 | 6 5 3 | 3 5 1) | 0 3 3 6
　　　　　　　　　　　　　　　　　　　　　今 番 上

3·3 3 3 3 6 3 6 | 1/4 (2 7 | 6 5 | 3 5 6 | 2 7 6 1 |
殿 不 能 和 往 常 比，

3 5 6 | 5 2 3 | 3 5 1) | 0 6 | 5 6 | 6 5 6 | 6 5 |
　　　　　　　　　　看 一 看 谁 敢

6 5 | 5/T 3 | 3 5 | 5 5 | 5 (5 | 6 3 5 | 2 7 6 2 |
再 把 我 来 欺。

紧打慢唱
7 6 5 | 6 5 3 | 3 5 1 | 1) | 0 6 5 5 5 - | (5 5 | 5 3) |
　　　　　　　　　　　我 捋 须

6/T 3 6 6 - | (6 6 | 6 6 | 6 6 | 6 6) |
撩 袍 　　　　（以打打 光）

0 6/T 3 5 5 - 5/T 1 1 · 3 | 2 3 | 2 - 7 - 67/T 6 - |
把 城 进 （呀），

(6 6 | 6 6 | 3 5 | 5 2 | 1 1 | 1 1 | 1 1 |
（以各以 当 当）

· 127 ·

（流板） 渐慢

$\widehat{2}$ 7 6 $\dot{2}$ | 7 6 5 | $\overline{6\ 5\ 3}$ | $\overline{3\ 5\ 1}$) | 0 5 $\overset{5}{\underset{\smile}{6}}$ 3 5 $\overline{6\ 5\ 6}$ 6 - 6(5 |

忆 想 当年

6 7 | 6 0 5 | 6) 0 5 6 3 5 6 7 $\overset{2}{6}$ - 6 5 5 |

我 记 在 心 （啊）。

$\frac{1}{4}$ (5 5 | 5 7 7 6 | 5 7 7 7 | 5 3 5 | 5 5 | 5 5 5 5 |

♩=60

3 $\overset{\vee}{2}$ 2 2 | $\dot{1}$ $\overset{\vee}{2}$ 2 2 | $\dot{1}$ $\overset{\vee}{2}$ 2 2 | $\dot{1}$ 2 3 $\dot{2}$ | $\dot{1}$ $\dot{1}$ $\dot{1}$ $\dot{1}$ |

渐慢

$\dot{1}$ $\dot{1}$ $\dot{1}$ $\dot{1}$ | $\dot{2}$ 7 6 5 | 7 6 5 | 5 2 3·5 | 6 5 1 |

（垛板）原速

$\frac{2}{4}$ 1) 3 $\overline{3\cdot5}$ $\overline{6\ 5}$ | $\overline{3 3}$ 5 ($\overline{6\ 5\ 3}$) | 0 $\overset{3}{\underset{\smile}{5}}$ $\overline{3 7}$ | 6·7 ($\overline{6 5}$ $\overline{3 5 6}$) | 0 $\overline{3 5}$ 3 5 |

薛刚 在 阳河 把酒 戒， 他爹娘

$\overline{6 5}$ 3 (7 $\overline{6 5 3}$) | 0 2 $\overline{3 5}$ | 5· (3 $\overline{2 3 5}$) | 0 5 $\overline{3\ 6 5}$ | 3 5 ·(7 $\overline{6 5 3}$ |

寿诞 把宴 排。 吃酒醉 打坐

0 3 5 | $\overline{6\ 7}$ ($\overline{6 5}$ $\overline{3\ 5 6}$) | 0 $\overline{3 5}$ 3 $\overline{3 5}$ | $\frac{3}{4}$ 3 5 $\overline{6 5 3 5}$ ($\overline{6 5 3}$) | $\frac{2}{4}$ 0 2 5 |

府门外， 拳 打死 奸相之子 惹祸

5· (3 23 5) | 0 3 5‿5 | 6 3‿5 (6 5 3) | 0 5 3‿5 | 6 (6 5 35 6) |
灾。　　　　张泰　动本　　　王见　爱，

0 5 35‿65 | 3 35 (65 3) | 0 2‿3 2 3‿5 | 5· (3 23 5) | 0 3 5·3 |
把　他的　爹娘　　斩　金　阶。　　　　我为

3 35 (65 3) | 0 5 67 | 6·(5 35 6) | 0 35 6 61 | 5 3‿5 (65 3) |
忠良　　继后　代，　　求　夫人　舍子

0 2 3‿5 | 5·(3 23 5) | 0 65 35‿35 | 6 3‿5 (65 3) | 0 5 5 37 |
跪尘　埃。　　到　如今　整整　　十　三

6·76 (5 35 6) | 0 3 6‿5 | 6 3‿5 (65 3) | 0 2 35 | 5· (3 23 5) |
载，　　　为报仇　搬兵　　把儿　差。

0 6 6·6 | ³⁄₄ 3·5 3 3‿5 (65 3) | ²⁄₄ 0 5 3 | 6·7 (65 35 6) | 0 3 6·765 |
幸喜得　今日　搬得　　　大军 到，　　不由

3 5(65 3) | 0 2 3 | 5· (3 23 5) | 0 7‿3 3 7 | ³⁄₄ 6 61 3‿5 (7 65 3) |
老夫　喜在　怀。　　韩山有　三千 七百

　　　　　　(6·765 35 6)
0 5 61 | 3 0 | 0 3 5‿5 | ³⁄₄ 6 6 353 (5 65 3) | ²⁄₄ 0 2 35 |
人和　马，　青龙山　八千人马　　巧安

郭金顺

（紧垛板）　　　　稍快

5·（3 23 5）｜ 1/4 0 3｜3 6｜6 1 1 6｜5｜6 1｜5 6｜6 ⌐1｜
排。　　　领 兵 元 帅 薛 刚、纪 鸾 英，

♩=132

0 3 5｜5 3｜3｜7 0｜0 6｜6 3｜5｜0 6｜6 5｜
还 有 一 将 叫 张 龙。 薛 葵、

6｜6 1｜0 3｜3 5｜6 5｜6｜0 3｜3 5｜6｜
薛 蛟 虽 然 又 年 幼， 提 起 来 叫

6 1｜0 2｜2 2 3｜5｜0 3｜3 3 7｜7｜6｜0 5｜
人 也 心 惊。 此 番 上 殿 把

5 3 5｜6｜0 5｜5 6｜3 5｜3｜3 2｜2 3｜5｜
本 动， 一 本 一 本 往 上 申。

0 6｜6 5｜3 5｜3｜0 5｜5 6｜3 6 ⌒｜0 5｜3 5｜
万 岁 准 了 我 的 本， 你 唐 室

6｜6｜0 6｜3｜5｜0 1｜1 1｜1 6｜0 3｜
江 山 得 安 宁。 他 要 不 准 我

稍快

3 5｜3｜0 3｜3 3｜3 3｜3 3｜6｜0 6‖
的 本， 紫 禁 城 杀 他 一 个 乱 乱

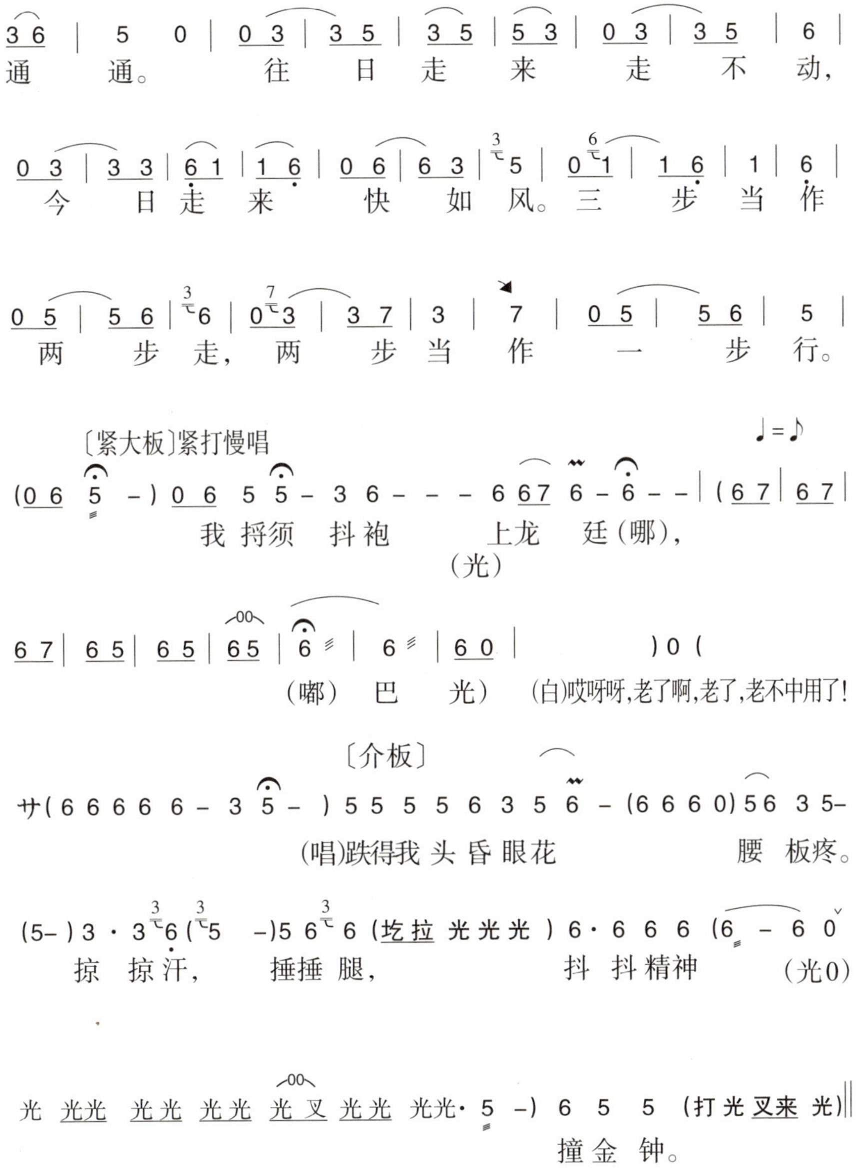

3̂6̂ | 5 0 | 0 3̂ | 3̂5 | 3̂5 | 5̂3 | 0 3̂ | 3̂5 | 6 |
通　通。　　往　日　走　来　走　不　动，

0 3̂ | 3̂3 | 6̂1 | 1̂6· | 0 6̂ | 6̂3 | 5 | 0 1̂ | 1̂6 | 1 | 6 |
今　日　走　来·　快　如　风。　三　步　当　作

0 5̂ | 5̂6 | 6 | 0 3̂ | 3̂7 | 3 | 7 | 0 5̂ | 5̂6 | 5 |
两　步　走，　两　步　当　作　一　步　行。

〔紧大板〕紧打慢唱　　　　　　　　　　　♩=♪

(0 6 5 -) 0 6 5 5 - 3 6 - - - 6 6 7 6 - 6 - - | 6 7 | 6 7 |
　　　我　�`拧　须　抖袍　　上龙　廷(哪)，
　　　　　　　　　　　　　　　　(光)

6 7 | 6 5 | 6 5 | 6 5 | 6 | 6 | 6 0 |　　　　) 0 (
　　(嘟)　巴　光)　　(白)哎呀呀，老了啊，老了，老不中用了!

〔介板〕

廾(6 6 6 6 6 - 3 5 -) 5 5 5 5 6 3 5 6 - (6 6 0) 5 6 3 5 -
(唱)跌得我　头　昏　眼花　　　　　　腰　板疼。

(5-) 3·3 6 (5 -) 5 6 6 (圪拉 光光光) 6·6 6 6 (6 - 6 0)
掠　掠汗，　　捶捶　腿，　　　　抖　抖　精神　　(光0)

光　光光　光光　光光　光 叉 光光　光光· 5 -) 6 5 5 (打光 叉来 光)‖
　　　　　　　　　　　　　　　　撞　金　钟。

注:该唱段为郭金顺20世纪50年代的代表作。据1959年山西人民
播电台录音记谱。

蓟州堂难坏我莫家仆

《一捧雪》莫成(生)莫怀古(生)唱

郭金顺　演唱
冯来生　记谱

1=♭E

卅（扎 光 叉 光 叉 光 ⌒2 0 ⌐2 0 ⌐2 2 2 2 2 2 7 6 6 6 6 ⌐5 5 ）

（二黄老板）

2 - 3 23 61 ⌐2 -（2 2 2 2）5 - 2 2· 32 76 3·5 6 65 6 5 -
蓟　州　堂　　　　　　难　　坏我

5 5 5 5 ）3 - 21 6 1·23 21 61 22·（光）0（扎光光光）0（扎光光光）
莫　　家　　仆，　　　（号号）（白）大人！　　老爷！

（叫板）
0 22 -（扎 光 来 光 光 来 光 来 来 光 来 光 叉 来 光 扎）|
夫人！哎呀

（二黄老板）♩=96
2/4 22 3 | 36 61 | 1·2 33 | 31 2 | 2 0 |
一旁边　哭 坏了　薛 氏 夫人　　　（各各各 以光光）

以光 以 光光来光来来 | 光 来来 叉来以来 | 光 5656 | 2·5 3236 | 533 2532 | 1165

1623 | 5·1 615 ）| 223 2 |（2321 612 ）| 212 3 | 61231 | 3216 | 016123
（莫怀古唱）想当 年　　　在钱塘　　哪样 不

上党戏魂 郭金顺

$\underline{1}$·($\underline{2}$ $\underline{321}$)| $\underline{765}$ $\underline{21}$ | $\overset{3}{2}$ $\underline{7}$ $\underline{7}$ | $\underline{67}$ $\underline{65}$ $\underline{566}$ | $\underline{3}$ $\underline{1}$ | $\overset{3}{2}$ — |

好, 　　　　一 心 心　做 高 官 代　管　　黎 民。

各各各 以光光 以光 以　光光来光来来　光　来来　又来以来 | 光 $\underline{\widehat{223}}$ | $\underline{2}$ $\underline{2}$ $\underline{2}$ |

　　　　　　　　　　　　　　　　　　戚大　人 八 抬

$\underline{3}$·$\underline{2}$ $\underline{6123}$ | $\underline{1}$·($\underline{6}$　$\underline{561}$ | $\underline{0}$ $\underline{3}$ $\underline{5}$ $\underline{21}$ $\underline{61}$ | $\underline{5}$·$\underline{1}$ $\underline{615}$) | $\underline{3}$ $\underline{2}$ $\underline{16}$ |

官　　　　　　　　　　　　　　　　　　保 不 下

$\underline{061}$ $\underline{2132}$ | $\underline{1}$·($\underline{2}$ $\underline{321}$) | $\underline{3}$·$\underline{2}$ $\underline{1}$ $\underline{1}$ | $\underline{1}$ — | $\underline{1}$ $\underline{7}$ $\underline{65}$ | $\underline{6}$ $\underline{52}$ $\underline{7}$ | $\underline{5}$ $\underline{6}$ |

我　也　　　保　不 下　　　我　也　　我 的

$\underline{76}$·$\underline{5}$ $\underline{6}$ | $\underline{6}$ — | $\underline{5}$ $\underline{5}$· (各各各　以 光光　以光 以 光光来光来来　光 来来　又来以来　光齐 $\underline{5656}$ |

戚大　人(哪)!

$\underline{2}$·$\underline{5}$ $\underline{3236}$ | $\underline{533}$ $\underline{2532}$ | $\underline{11}$ $\underline{65}$ $\underline{1623}$ | $\underline{5}$·$\underline{1}$ $\underline{615}$) | $\underline{223}$ $\underline{23}$ | $\underline{2321}$ $\underline{612}$) |

　　　　　　　　　　　　　　　　　　　　(莫成唱)—旁边

Ϟ $\underline{6}$ $\underline{11}$ $\underline{61332}$ $\underline{1}$ $\underline{6}$ $\underline{1}$ $\overset{3}{2}$ — (光 各各 各光各)‖

难坏了小小莫成。

注:据1981年山西省上党戏剧院录音资料记谱。

· 133 ·

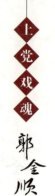

梆戏头场

霸王鞭

1=C

郭金顺 演唱

李春孩 记谱

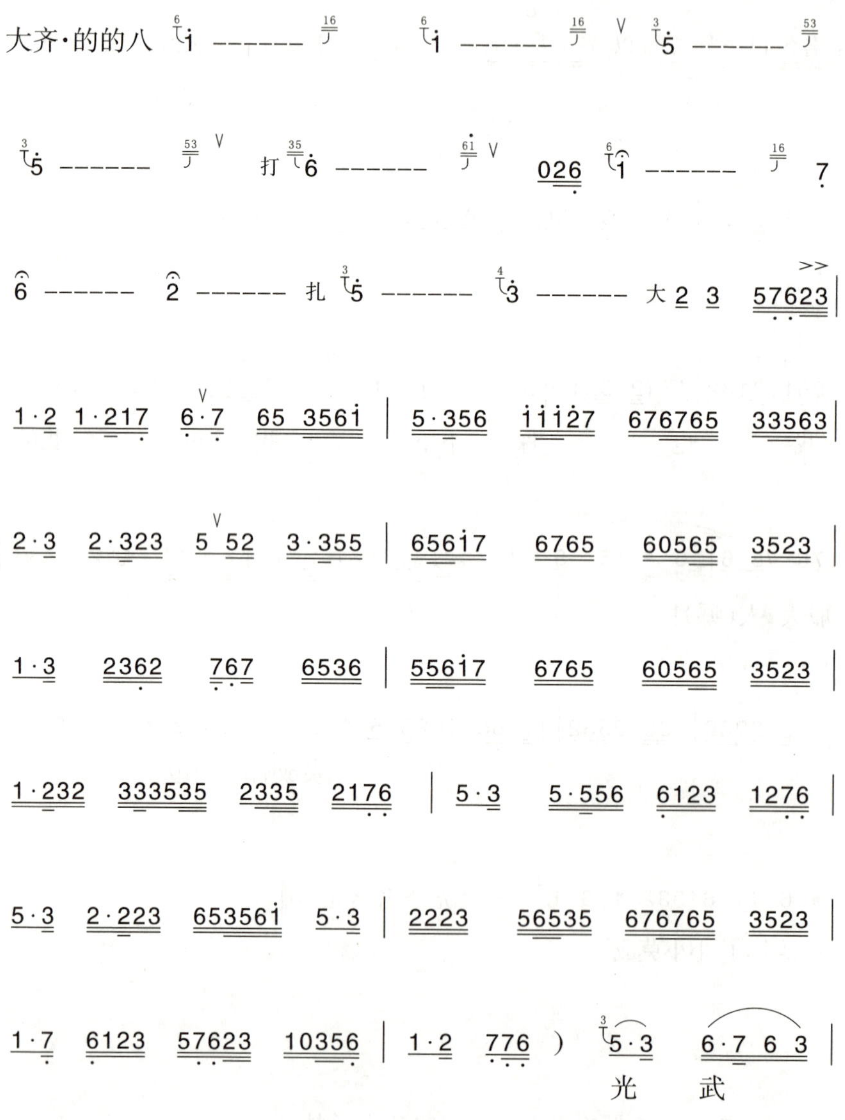

2·2 32 1 — (1·1 1 6 | 1 0 2 2 2 7 6 5 2 7 6 7 6 5 |
爷

3 0 5 3 2·3 6 5 3 6 5 0 6 3 | 5 5 5 3) 6 7 6 3 1: |
　　　　　　　　　　　　　　　　　　十　　二

1 2 3 2 7 6 5 1 2 7 6 7 6 3 | 5' 3 7 6 5 3 6 5 |
岁　　　　　　　　　　　　　　　走

3 — 2·3 2 3 2 | 7 2 7 6 — (6 7 6 3 |
南　　阳，

6 0 7·7 7 7 6 5 1 2 7 6 7 6 5 | 3 5 3 2·3 6 5 3 5 6·7 6 3 |

3 1 1 1 1 1 1 1 7 6 5 1 2 7 6 7 6 5 | 3 5 3 2·3 6 5 3 5 5·3 |

2·3 5 6 5 3 5 6·7 6 5 3 5 2 3 | 1·7 6 1 2 3 5 7 6 2 3 1 0 3 5 6 |

1·5 3 2 3 5 3 5 2 3 3 5 2 1 7 6 | 5·3 5 6 1··· 1 1 1 6 |

1 0 2 2 2 2 2 7 2 2 7 2 7 6 | 5 0 6 3 5 2 3 3 1 1 1 3 1 1 1 |

3 2 2 2 7 2 2 2 2 2 7 6 7 6 5 | 3 5 6 5 3 0 5 6·7 6 5 3 5 6 3 |

2·3 2 3 2 3 5 5 2 3 3 6 5 | 5·6 1 7 6 7 6 5 6 0 5 6 5 3 5 2 3 |

2·3　23 23　5‍52　33 65 ｜ 5·617　67 65　60563　35 23 ｜

1·3　23 62　767　65 36 ｜ 5·617　67 65　65 65　35 23 ｜

1·2 32　305 35　20 35　21 76 ｜ 5·3　55 56　61 23　1276 ｜

5·3　2·3　653 561　5·3 ｜ 22 23　56 535　676765　3523 ｜

（慢）
1·7　6·1 23　576 23　103 56 ｜ 1·2　77 6 ）5　67 63 ｜
　　　　　　　　　　　　　　　　　　　　　　大　道

2 1 2 3 2 1 - （1 1 1 6 ｜ 1 0　2·2 2 7　65 127　67 65 ｜
地

3 0 5 3　2·3　6·5 36　5 63 ｜ 5、 5 5 3 ）67 63 1 1 ｜
　　　　　　　　　　　　　　　　　苏　　显

2 3 2 7　65 1 27　6·7 63 ｜ 5·3 7　65　35　23 ｜
赶

5 - 5　7　6 7 6 ｜ 5 - （5·5　5 5
　　　地　　　　　　　荒。

65 35 61 5 0 56 ｜ 1 1 1 1 1 1 1 1 7　65 27　67 65 ｜

3 5 3　2 2 3 3　65 36 5·3 ｜ 2·3 5 65 35　67 67 65　35 23 ｜

1·7 6·123 5 7 6 23 1·2 ｜ 7 7 6 5 5 6 1·7 6 6 7 6 ｜

5 2·2 2 2 7 2 7 2 7 6 ｜ 5 0 6 3 5 2 3 1 2 6 1 … ｜

1 2 7 2 2 2 7 6 7 6 5 ｜ 3 5 6 5 3 0 6 6 7 6 5 3 5 6 3 ｜

2·3 2·3 2 3 5 ∨ 5 2 3 3 6 5 ｜ 5·6 1 7 6 7 6 5 6 5 6 5 3 5 2 3 ｜

1·3 2 3 6 2 7 6 7 6 5 3 6 ｜ 5·6 1 7 6 7 6 5 6 5 6 5 3 5 2 3 ｜

1·5 3 2 3 5 3 5 2 3 5 2 1 7 6 ｜ 5·3 5·5 5 6 6 1 2 3 1 2 7 6 ｜

5·3 2·3 6 5 3 5 6 1 5·3 ｜ 2·2 2 3 5 6 5 3 5 6 7 6 7 6 5 3 5 2 3 ｜

1·7 6·1 2 3 5 7 6 23 1 2 6 ｜ 1·2 7 7 6) 2 3 ｜
　　　　　　　　　　　　　　　　　　　　　　　　在 赵

3 2 3 1 ｜ 2 3 1 2 3 2 1 ｜ 1 2 7 6 5·(3 ｜ 5·6 1 7 6 7 6 5 ｜
州　　　石桥　上，

3 5 2 3 6 3 5 ｜ 5) 5 3 1 ｜ 1 7 6 1 5 ｜ 3 2 3 1 ｜
　　　　　迷了　　　　　路　啊，

·137·

郭金顺

í - | (2̇ 7 6 5 3 2 1 6 | 1) 5 3 í | í 3 7 2̇ 7 6 |
　　　　　　　　　　　　　迷 了 路

5·5 6 5 6 | 0 3 6 2̇ 7 6 | 5 (5 5 | 6·5 3 6 5·6 |
两　　　两　　条。

í í í2̇ 7 67 65 | 6 3 5·3 | 23 57 65 32 | í7 6 2̇ 3 6 1 |

1 0 7 6 í í í | í í í í 6 2̇ 7 6 | 53 56 í 6 í | 2̇ 7 2̇ 0765 |

3 5 3 65 33 | 23 23 52 35 | 676765 35 23 í2̇ 2̇2̇ 77 76 |

56 65 33 32 | 12 35 23 76 | 5·7 67 65 35 23 63 53 |

2·357 65 32 | í7 6 2̇ 3 6 1 | 1) 5 3 5 | 3 2̇ í í 3·2̇ |
　　　　　　　　　　　　　遇 见 了　　　（啊）

3·2̇ 1 2̇ 7 6 | 5 6 í | í 3 | 7 2̇ 7 6 |
　　　　　　石 人

5·7 6 5 6 | 0 3 6 2̇ 7 6 | 5 0 (5 5 | 6 5 3 6 5·6 |
在（啊）　　路　旁。

í í í 2̇ 7 67 65 | 6 3 5·3 | 23 57 65 32 | í7 6 2̇ 3 6 1 |

郭金顺

1 1̇ 1̇ 50   1̇ 07 6̇ 2̇ 76 | 5 1̇ 1̇ 56 | 1̇ 07 6 76 5 ‖

3 53 65 33 | 23 23 52 35 | 67 65 35 23 | 1 0̇ 2 7777 |

77 77 67 65 | 1·235 23 21 | 3̇ ·73̇ ·7 3̇ | 35 61 5·6 |

1̇·1̇ 27 67 65 | 63 5·3 | 23 57 65 32 | 1 76 2 36 1 |

1) 5 3 1 | 1̇ 7 6 1 5·3 | 6 6 1 3 | 3 (7 6 76 5 ‖
     连 问   他   十   声,

3 5 3 2 1 6 1 2 | 3·) 7 6 6 1̇ | 2̇ 7 2̇ 7 | 6 (6 76 5 ‖
         他 九 不   语,

6 05 6 0 5 | 35 35 6 5 6 | 1̇·1̇ 2 7 67 65 | 35 35 65 63 |

2 3 57 65 32 | 1 76 2 36 1 | 1 5 5 5 6 | 1 05 3 2 3 6 |

1 3 3 6 | 5·1̇ 65 3 5 | 2 3 3 5 | 6 7 6 5 3 5 2 3 |

1 3 3 1 | 2·1 6 1 6 1 | 2 3 1 | 2·3 5 |

6 2̇ 1̇ 2̇ 1 | 35 6 1̇ 5 65 3 | 2 3 57 65 32 | 1 76 2 36 1 |

1) 3·2 | 7 2 7 6 5 | 5 6 1 | i 7 6 3 |
   在   马   上   督恼 了

5·5 6 5 6 | 0 3 6 2 7 2 | 5 (5 5 5 6 3 5 3 2 7 6 5 6 3 5 |
汉 氏 贤 王,

5 2 3 5 6 5 1 0 3 5·3 0 5 2·3 2 6 7 6 7 6 5·(3 |
        腰 中 抽   出

6 3 5 i 7 6 5 6 3 5 5 2 3 5 6 5 1) 0 3 5·3 i·3 2 7 |
                         龙 泉 剑,

·7 6·(5 3 5 6 i 7 6 i 3 5 6 6 5 3 2 3 5 1) 0 5 6 i 6 |
                                   要 斩

0 3 3 5 3 i 6 5 6 i 5·(3 6 3 5 i 7 6 5 6 3 5 5 2 3 5 |
石 人 在路旁。

6 5 1) 0 5 6 3 5 — 6 i 3·(3 3 7 6 0 5 3 5 6 |
石 人 眼中 双落 泪,

6 5 3 2 6 5 1) 0 5 6 i 6 0 7 6 5 6 3 5 6 i 5·(3 6 3 5 |
    明 朗朗露 出 路两行,

i 7 6 i 6 3 5 5 2 3 5 6 5 1) 0 3 5 3 2 3 2 6 7 6 7 6 5·(3 |
                   一条路

635 1765 635 5235 651) 0 1 1̇ 55 ⁵2·3 2 7 |

通 往 南阳　去，

7 6·(5 356 1̇ 7 6 1 356 5235 651) 0 5 6 1̇ 6 |

一 条 路

0 3 3 5 3 1̇ 6 5 6 1̇ 5·(3 635 1̇ 7 6 5 63 5 6 5 3 2 3 5 1)

回　往 鬼 神 庄。

0 5 6 6 6 3 ³5 0 5 6 2 ⁵3·(3 3 7 6 0 5 3 5 6 1̇ 7 6 1 |

鬼 神 庄 访 来　了 铫 期　剑，

3 5 6 6 5 3 2 3 5 1) 0 5 6 1̇ 6 0 7 6 5 3 1̇ 6 5 6 1̇ 5·(3 |

在 南阳　访 来 了 马子张。

635 1̇ 7 6 5 635 5 2 3 5 651) 0 5 6 3 ⁵ 3 5 |

铫　期 马 武　双 救

1̇ · 3 2 7 — 6·(5 356 1̇ 7 6 1 356 6 5 3 2 3 5 |

驾，

(1)

0 5 ⁶5·3 ³2------ 3̇ 2 3 2 1̇------ (2̇ 2̇ 3̇ 1̇ 2̇ 2̇ 3̇ |

才 负起

1̇ 1̇ 0 1̇) 5 5------ 3 ^t2------ 3̇ 2̇ 1̇ 7 6 5 5 - 6------ 7 6 7 6 |

光 武

· 141 ·

3 （6 6 0 6） 2 ------- 3 （2 2 0 2） 0 3 5 -------
　　　　　　走　　　　　　　　洛　阳，

5 1 ------- 2 ------- 3 2 1 7 6 5 6 -------

76 76 5 ------- ｜各 各 各　乙 才 来 才 乙 来 仓一轻 来

轻来　轻来

（2）

0 5 5 6 1 5·（3 6 3 5 0 1 7 6 1 5 6 ------- 7676
才　扶　起　　　光 武 坐 洛 阳。

5 ------- 0 各 各 乙 各 乙 各 乙 当 的 当 乙 的 当 当

赏 花 楼

柴王(生)唱

郭金顺　演唱
李春孩　记谱

C调

慢番紧
（十五锤起）　渐慢

上党戏魂 郭金顺

53 3 …… 2 3 2 7 2 …… 2 3 5 …… 0 5
位

6 1 …… 16 3 …… 2 3 2 3 7 2 …… 3 2 17 65 6 ……
　　　　　　　　　　　　　　　　　　　0 都儿　来都儿

7676 5 ……
来都儿　来都儿　来都　来来 ……　都儿　仓0　八都儿　仓来

　　　　　　　　　　　　　　　慢长皮　慢番紧
才来　仓来　仓仓　来才　乙来　仓0　各来　各来来来 ……
　　　　　　　　　　　（咦一）

各仓一　仓0都儿　仓来才来　仓都儿　仓来才来　才来才

仓来才来　才来才　仓来来才　乙才才　仓来来才　乙才才

仓都来来　才才来　倾·仓乙来　才才来　仓来来　才才来　仓·都来八

　（渐快）
拉大大　仓来　才来　仓来　才来　仓来才来　仓来才来　仓大　仓大

大　仓0　仓仓乙仓　仓　仓仓　八　仓0　大　仓来　仓仓　乙仓　仓仓0　都

　　　（稍慢）
倾0都　仓　大　仓·来　仓仓　乙仓　仓　仓(咦一)　都儿儿儿　仓来

才来 仓来 才来 才仓 乙来 仓仓 来才 乙来 仓仓·来才 乙来 仓 65

3 6 5 3 6 5 3·6 3·6 3 5 5 5 5 2 2 2 2 3 2 3 2 7 6 1

1 1 1 1 2 7 6 5 5 6 5 1 0 5 3 5 5 5) 3 5……3 2 ……3 2 3 2 2 1

天心　顺，

……乍乍 乙来 来来来 仓来 才来仓 3 7 6 5 5 6 5 1 0 5 3 5 5 5)

1 1 5……6……3 …… 3 3 5 …… 2 …… 3 2 3 2 6 5 6

降下王　　　　国号大　周。

5 ……（3 5 2 7 6 5 5 6 5 1 0 5 3 5 5 5) 3 5 3 2 ……

赵 二　弟，

3 2 3 2 1 7 6 ……7 6 7 6 5 ……

0 圪拉 乙来 来来 仓来 才来仓

2 7 6 5 5 6 5 1 0 5 3 5 5 5) 6 6·5 ……（5 5) 6 3 ……

他天　胆　　　　　世界

3 6 2 5 3 — 7 6 …… 0 各拉 乙扎 扎 仓仓 来仓 来来 仓仓

少有，

来仓　来来　仓仓　乙才　乙　仓来　才来　仓·7 6 5 3 5 5 5）0 5 6 6

　　　　　　　　　　　　　　　　　　　　　　　　　高　平　关

5 6 3 …… （3·3 3）1 3 …… 3 5 2 …… 3 2 3 2 6 ……

杀鹞　贼　　　　　大战　　野洲。

5 …… （3 5 2 7 6 5 5 6 5 5 1 0 5 3 5 5 5）6 6 1 3 …… （3 5 5 5）

　　　　　　　　　　　　　　　　　回朝　来，

6 5 5 …… 6 3 …… 5 1 …… 3 2 …… 3 2 7·7 6 ……

大功 成，　　孤　王　　加倍

各拉乙来　来来　仓来　才来　仓　来仓乙来　仓·7 6 7 6 5 3 5 5 5

0 5 6 5 …… 2 1 …… 各拉乙来 来来 仓来 才来 仓 3 7 6 5 5 3 5 1

众文武，

0 5 3 5 5 5）5 5 …… 2 …… 3 2 3 2 1·7 6 ……

　　　　　扶起王，

（6·7 6 7）0 6 6 3 …… ·5 1 …… 2 …… 3 2 6 ……

　　　柴 荣　　　登 龙

7 6 5 …… （3 5 3 7 6 5 5 3 5 1 0 5 3 5 5 5）0 2 5 5 …… 5 3

　　　　　　　　　　　　　　　　　　　　　　　　撩龙袍，

5 5· ⌒6̇ 6 3 ……5 ……2 …… 乍乍 乙才 乙来 仓 2̇ 7 6 5 5 3

端玉 带，

5 1 0 5 3 5 5 5) 5 5 ……3̋1̇ ……3· (2̇ 1̇ 2̇ 1̇ 2̇ 1̇ ……)

　　　　　　王登

3̋5 ……3 2 3 3̋3 ……2̇ 3 2 3 2̇7 2̇· 6̋1̇ ……2 3 ……2 3 2 3̇2 3 2 6—5—

龙　　　位　（啊）！

来……都儿仓 0 0圪 乙大 大 0 仓·来 仓仓乙仓仓 仓 0 咦……

（转中速长皮）

3̋5 5 5 仓— 仓— 仓仓仓仓 仓来 才来 乙大 都儿

仓·6̋ ※5 3 2 3 5 2̇ 7 6 5 3 2 3 5·6̇ ※ 都儿 拉扎 乙才 乙来 仓̇

（转跌断桥）

3̇ 3 7 6 3 3̋5 …… 仓仓仓仓 仓来 才来 乙大 都儿 仓来仓来

仓来 乍 仓仓 才 才仓 才 仓仓 才 才仓 才 仓仓 才仓

才仓 才仓 才 仓仓 才仓 才仓 才 倾令 倾令 倾令 倾

仓来 仓仓 乙仓 仓0 {3̇ 3̇ 3̇ 仓都儿 才仓 乙才 仓·3̇ 3 7
　　　　　　　　　空空 空
　　　　　　　　　才才 才
　　　　　　　　　台台 台

6 7　6 7　6 5　3 5　5 5　5 2　2 3　2 3 2 7　6 1　1 1　1 1　1 1　1 3　7 6 5

5 6　5 1　0 5　3 5　5 5　00）　6 3　5……3　0 1　7 6　6̣3

是 那 家　　大 胆 臣

6　1̣ 3 5 6……7 6 7 6　5……

惊 动寡人。　　　都儿拉大　乙才乙来　仓　大八大八

才　才来 仓 —‖

巧　缘　案

郭金顺　演唱

李春孩　记谱

四六板

打齐 35 07 6$\dot{2}$ 7 65 52 35 6 51) 05 663 3 05 $\dot{1}$6 6 — 5 —

　　 听 义昌　说罢了，

(3 6 3 5 $\dot{2}$ 7 6 $\dot{2}$ 7 6 5 5 2 3 5 6 51) 0·3 5·$\dot{6}$ 5 6 3 (3

　　　　　　　　　　　　　　我喜出天外。

$\dot{3}$ 7 6·5 356 65 33 3 51) 05 6$\dot{1}$ 65 6 $\dot{1}$6 5 6 $\dot{1}$3 50 (6 3 5

　　 天不绝忠良臣， 神出鬼没，

07 6$\dot{2}$ 765 52 35 651) 0·5 6 6 56 53 555 2 $\dot{3}$ — ($\dot{3}$ 37

　　 可喜得有绝音 我儿女都在。

6·5 35 6 65 32 351) 0 2 3 5 5 (63 5) 05 63 33 5 2·3 2

　　 我父　子，　　　 又团圆满心畅怀。

6 — 5 —（各各乙各乙各乙当的当乙的当当）

赏 花 楼

郭金顺　演唱

李春孩　记谱

快四六

一封书浪头：

各 乙 大 大　当 的　当 当 乙 当 乙 的　当 的　当 当 乙 当 乙 的

当 的　当 当 乙 当 乙 的 的　当 乙 的 的　当 乙 的 的　当 扎

$$0 \quad 6$$

当 当 乙 当 乙 的　当 乙 当 当 的 的　当 乙 各 乙 的 的 的 的

3 5 5 5 5 5 5 2̇ 6̇ 1̣ 1̣ 1̣ 1̣ 1̣ 1̣ 1̣ 1̣ 3 7̇ 6̣ 2̇

乙 各 乙 当 当 的 当 乙

7̣ 6̣ 5̣ 5̣ 2 3 5 6̣ 5̣ 1̣) 0 5 6 6 6 6 1̣3̂ 3 5 3 5

　　　　　　　才 做 下 糊 涂 事　以 理 不

6̂7 6 6 ·(5 3 5 6 1̇ 7̇ 6̇ 1̣ 3 5 6 6 5 3 3 3 5 1) 0 5 6 3

正，　　　　　　　　　　普 天 下

0 5 6 6 6 6 1̣ 1̇ 3 5 ·(3̂ 6 3 5 3 7̇ 6̇ 2̇ 7̇ 6̇ 5 5 2 3 5 6 5 1)

众黎民世 界　为 人，

0 5 6 6 6 6 1̇3̂ 3 5 3 5 3 6 0 5 6 3 0 5 6 6 5 6 3

只因为南 唐 地　元 宝 所 进，进 来 了　秦 玉 兰 与 杜 文

5·(3 6 3 5 3 7 6 2 7 6 5 5 2 3 5 6 5 1)0 5 6 6 6 3 5
君，　　　　　　　　　　　　　　大太监传宫门

0 6 3 3 5 6 1 …… 3 2 …… 3 2 7·7 6·(5 3 5 6
看她　怎迎　　啊？

1 7 6 1 3 5 6 6 5 3 2 3 5 1)(二女接唱)0 2 3 2 1
　　　　　　　　　　　　　　我姐　妹

0 3 2 1 3 7 6 7 6 5(3 6 7 5 3 7 6 2 7 6 5 5 2 3 5 6 5 1)
来接驾 膝跪　流平。

0 1 6 1 6 3 5 5 6 6 5 6 6 5 5)0 6 3 3 5 6 1
下车 辇掺 双妃　　　　　　　同把　宫 进，

1 3 2 …… 3 2 7 — 6 —(5 3 5 6 1 7 6 1 3 5 6 6 5 3 3
啊……

3 5 1)0 2 2 3 2 1·(3 2 3 1)0 3 2 1 6 1 7 2 6 5 —
　　　我　姐妹　　　　　　初进 朝不懂朝　规。

(送饭)0 各各乙各 乙各乙当的当乙 的当当一)

天　水　关

诸葛亮唱　西皮二板

郭金顺　演唱

李春孩　记谱

大起板转二板

打 仓 · 都儿 才 才 仓 · 齐各 仓 × × 仓 — 0 6 5

0 6 5 0 6 5 6 5 6 5 — — — 3 5 3 2 6 1 1 — — —) 6 6 — — —

　　　　　　　　　　　　　　　　　　　　　　　　　　　一 支

5 3 — — — 2 5 3 3 1 — — — 2 2 3 5 6 — — — 5 1

令 箭　　　　　　　往 下 传，

6 4 5 6 5 4 5 — — — 各 乙大 大 仓 —)(白)魏将军 乙大 乙

仓才 仓仓 乙才 乙来 仓 乙来 乙 5 | 3 5 | 3 5 | 3 5 3 5 | 3 2 |

(1 6 | 1 6) | 3 2 | 3 | 3 5 | 3 2 | 1 2 | 3 5 | 2 | 0 3 | 2 3 |

　　　　　　　　首一支　令 箭　往 下 传，征 北 侯

1 2 | 3 5 | 2 5 | 3 5 | 1 | 0 3 | 2 1 | 6 1 | 1 | 0 1 |

魏 延 你进 前，　自 从 长 沙 归

152

1 1 | 2 | 0 2 | 7 6 | 3 5 | 5 | 0 5 | 5 6 | 1 | 0 1 |
了 汉，跟 着 山 人 数 十 年。 南

5 6 | 1 2 | 6 | 0 6 | 6 1 | 2 | 0 3 | 2 3 | 1 2 | 3 5 |
里 杀 来 北 里 战， 东 打 西 杀

2 5 | 3 2 | 1 | 0 3 | 2 1 | 6 1 | 6 | 0 1 | 1 1 | 2 |
忙 不 闲。 汗 马 功 劳 实 非 浅，

0 3 | 2 3 | 1·2 | 3 5 | 2 5 | 3 3 | 1 | 0 1 | 1 2 | 6 |
争 来 了 一 个 先 行 官。 这 一 战

0 3 | 2 1 | 1·2 | 3 5 | 2 | 0 2 | 7 6 | 6 3 | 5 | 0 5 |
不 比 那 一 战， 比 不 得 当 年 战

5 6 | 1 | 0 3 | 2 1 | 6 1 | 1 | 0 6 | 6 1 | 2 | 0 3 |
危 南。 五 百 马 队 交 与 你， 另

2 3 | 1 2 | 3 | 2 1 | 6 | 1 | 0 3 | 2 1 | 6 1 | 6 |
带 小 卒 整 一 千， 假 扮 姜 维

0 1 | 1 3 | 2 | 0 3 | 2 3 | 1 2 | 3 | 2 5 | 3 2 | 1 |
天 水 赶， 上 口 声 声 出 尔 言，

0 3 | 2 1 | 6 1 | 1ᵛ | 0 1 | 1 1 | 2ᵛ | 0 2 | 7 6 | 3 5 |

就 说 姜 维 降 了 汉， 带 领 人

5 | 0 5̣ | 5̣ 6 | 1ᵛ | 0 1 | 5 6 | 1 3 | 6̣ | 0 3 | 3 1 | 2 |

马 来 攻 关。 倘 若 姜 维 与 你 战，

0 3 | 2 3 | 1 2 | 3 5 | 2 5 | 3 2 | 1ᵛ | 0 3 | 2 1 | 6 1 |

调 转 马 头 向 东 南， 东 南 山

6̣ | 0 1 | 1 1 | 2ᵛ | 0 2 | 7 6 | 3 5 | 5 | 5̣ | 6 1 | 1ᵛ |

坡 荒 草 满， 过 了 荒 山 到 平 川。

0 1 | 5 6 | 1 2 | 6ᵛ | 0 3 | 3 1 | 2ᵛ | 3 3 2 1 | 2 -- (2 3 2 3) |

只 要 你 败， 莫 要 战， 将 他 诓 在

0 3 2 1 6 1 ----)

凤 凰 山。

154

名角如云

众星捧月

ZHONGXINGPENGYUE MINGJUERUYUN

戏

众星捧月 名角如云

俗话说："好花还得绿叶扶。""一个篱笆三根桩，一个好汉三个帮。"一代戏魂的产生不是偶然的，也不是孤立的。正如有了一大批京剧艺术家，才凸显了四大名旦；有了四大名旦，才又凸显了梅兰芳一样。当此之时，上党地区人才辈出，名伶荟萃，群星灿烂，流派纷呈，好戏连台，广泛传播。上党戏魂的产生也离不开上党梆子诸多名家的烘托。郭金顺只是他们的代表，是他们中的集大成者。作为上党梆子的戏魂，郭金顺是在戏曲摇篮中诞生，在人民群众的关怀、培养和赞扬声中苗壮成长起来的。特别是有一个人才荟萃、阵容庞大的优秀演出团队，从这里走出了一大批与他同呼吸、共命运，同舟共济、共创辉煌的一大批优秀演员和风云人物。他们各有千秋，相互辉映，同领风骚，让历史记住他们的名字：

温喜云

温喜云（1909—1981），长治县桑梓村人，后移居荫城。上党梆子须生兼老旦，中国戏剧家协会山西省分会理事，晋东南专区上党梆子剧团工会主席。

温喜云十三岁便入平顺三乐班学戏，拜段二淼为师。在启蒙戏《清河桥》中，温喜云饰演楚庄王，博得观众好评。

温喜云住过平顺三乐班、长子三义班、高平三乐意班、南呈三乐班等班社。1944年，与段二淼一起参加太南胜利剧团。1954年加入长治专区人民剧团第一分团。

温喜云擅长用本嗓演唱，流畅自如，声情并茂。五十多年的舞台生涯中，他塑造了一批有血有肉的人物形象。如传统戏《东门会》中幽默风趣的陈文子、《苦肉计》中宽厚忠诚的鲁肃、《打金枝》中通情达理的唐代宗、《秦香莲》中老迈龙钟的王延龄，现代戏《王贵与李香香》中蛮横阴险的崔二爷、《李双双》中平易近人的老支书、《武大妈》中胆小如鼠的维持会会长等，都性格鲜明，朴实无华，深为观众赞赏。《三关排宴》1956年在北京演出和以后几年的加工，都由温喜云扮演佘太君。这个戏曾参加了山西省第二、第三届戏剧会演和到福建前线慰问演出，深受观众好评。在山西省第二届戏剧会演中温喜云曾获演员奖。在长春电影制片厂拍摄《三关排宴》时不适宜男扮女角，才将郝聘之临时调来饰演佘太君。

申银洞

申银洞（1909—1967），又名申正泰，晋城县浪井村（今属泽州县）人。上党梆子须生、小生演员，中国戏剧家协会山西省分会会员。

申银洞十五岁便进入陈发囤窝徒班学戏，开始让他打锣，但他坚持唱戏，其勤学苦练的精神令人钦佩。申银洞住过晋城鸣凤班、公孙班、三乐班、复盛班，阳城贤易班、泰顺班，高平万亿班等著名班社。在鸣凤班时，他特别注意向段发荣学习，继承了鸣凤班的艺术风格。1934年随赵清海赴太原演出时，曾获赠"鸣凤真传"的缎幛。20世纪40年代曾住过晋城县民风剧团、高平县人民剧团，并担任过高平县人民剧团团长。

申银洞在几十年的戏剧生涯中，小生戏演过《二子乘舟》中的公子伋、《金玉佩》中的王儒珍；须生戏演过《东门会》中的陈文子、《雁门关》中的杨八郎、《寄女杀家》中的冯亮、《彩仙桥》中的尤德安、《赏花楼》中的柴荣、《打金枝》中的唐代宗、《长生殿》中的唐玄宗、《藏舟》中的颜士敏等。1956年，他随长治专区赴京汇报演出团到北京时，演出了《黄鹤楼》和《夸官拿府》，赢得了首都观众的赞赏。

申银洞生性耿介，正直敢言，从不阿谀逢迎。"文化大革命"中备受造反派摧残，悬梁自尽。党的十一届三中全会之后，申银洞才得以平反。

他的儿子申小红也饰须生，曾任高平县艺术学校校长，培养出一批优秀演员。

徐执忠

徐执忠（1915—1975），乳名贵生，晋城县浪井村人。上党梆子须生、小生演员，中国戏剧家协会山西省分会会员。

徐执忠的父亲徐锦堂便是戏迷，曾唱过泽州秧歌，以扮演《渔舟》中的渔婆而驰名。徐执忠从小就会唱秧歌，和父亲同台演出《万花楼》。在《王小拖笆》中扮演王小获得好评。十六岁时住陈发囤窝徒班，与申银洞、李子清、原东河、陈宿太、史小蛋等是师兄弟。

徐执忠青年时唱小生，在《黄鹤楼》中饰周瑜、《金玉配》中饰王儒珍、《甘泉宫》中饰秦始皇。由于他嗓音好，又经认真锤炼，所以运气行腔流畅自如，虽因戏因人唱法不同，但都能获得满堂喝彩。中年后因身体发胖改唱须生，饰演《清河桥》中的楚庄王、《挂龙灯》中的赵匡胤等角色，把上党皮黄的唱腔推到了一个新的高度。赵匡胤在高怀德杀韩龙后于城头封赠两段唱腔，委婉流畅，诙谐抒情，使观众听了又恨他，又可怜他，又笑他。配上郭金顺扮演的高怀德大方、潇洒、英俊、矫健的表演，真是珠联璧合，在上党剧坛堪称绝唱。1956年和1974年上党梆子两次晋京演出，徐执忠都随团前往，获得好评。

徐执忠曾住过晋城周村三乐班、南沟复盛班、东四义鸣凤班、高平三乐意班、万亿班等班社。解放后参加高平县朝阳剧团，1945年加入长治专区人民剧团第一分团。1964年调晋东南戏剧学校任教。1970年被下放插队，当了"五七"战士，先后在晋城县铺头公社大庄大队和南村公社河底大队插队。1974年回晋东南地区第一剧组。1975年10月3日，徐执忠被癌症夺去了生命。

马高升

马高升（1900—1957），高平县河底村人，后移居河西镇。上党梆子二净演员。

马高升十一岁学艺，受业于郎不香。后又跟师兄陵川人狗娃学戏，不久便在上党地区颇有名气。他饰演《六翁关》中的秦双虎、《义恩缘》中的牛皋、《夺秋魁》中的小梁王柴桂、《盗马》中的孟良、《绣龙剑》中的张孝勇，外虽粗犷，内实细腻，绘影传神，各具特色。他的唱腔、道白浑厚而清晰，武打动作矫健迅疾，台步快如风，急似箭，轻如飘在水上，观众们说："高升把戏唱绝了。"

马高升先后在陵川三义班、晋城鸣凤班和小山戏当过掌班，还住过高平三乐意班、万亿班。解放后，在高平县朝阳剧团、长治专区人民剧团第一分团工作，后到高平县新光剧团工作。马高升好开玩笑，且开得出奇。他和朋友、著名演员廉明昌开玩笑，说："我以

后有了孩子，就起名叫明昌。"廉明昌也予以回敬："我以后有了孩子也名高升。"结果是戏耍成真，马高升的儿子叫马明昌，廉明昌的儿子叫廉高升。后来二人的儿子同在剧团当演员，故有大高升、小高升、大明昌、小明昌之称，一时传为戏谈。

马高升为人正直，热情助人，有不少人投门入业，嵇玉土、王桂兰、杨荷叶等都是由他培育成才，吴婉芝也受到过他不少教益。

1957年10月，马高升因患肠梗阻病逝。

廉明昌

廉明昌（1904—1974），又名培德，高平县北陈村人。上党梆子须生演员，中国戏剧家协会山西省分会会员。

廉明昌出身梨园世家，其父廉挪则为上党梆子琴师。廉明昌九岁随父学戏，拜小奴喜为师。十二岁上唱谢师戏《天齐会》扮演武松，群众称他"小武松"。

廉明昌十六岁就离开父亲外出搭班，他先后住过三乐意班、乐意班、小山戏、万亿班等班社。扮演的角色有《两狼山》中的杨继业、《混冤案》中的牛万国、《乾坤带》《雁门关》中的杨八郎、《秦香莲》中的王延龄、《失金陵》中的宗泽、《长生殿》中的唐玄宗、《挂龙灯》中的高怀德、《太平桥》中的李克用、《夸官拿府》中的尤德安等。廉明昌基本功扎实，他能头戴硬盔，身着长靠，脚踏高鞋，从桌子上倒翻下来，落地后如一尊铜像，岿然不动，观众无不惊叹。

解放后，廉明昌参加高平县朝阳剧团，1954年加入长治专区人民剧团第一分团，和郭金顺通力合作。1955年又返回高平，先后任高平县新光剧团、高平县人民剧团团长。他的徒弟有吴婉芝、马明昌、王红孩等人。王桂兰、薛万青等也都受到过他的教诲。

1974年，廉明昌突发急性痢疾去世。

王连生

王连生（1910—1979），高平县赤祥村人。上党梆子组织者、编剧，中国戏剧家协会山西省分会会员。

王连生粗通文字，爱看小说爱看戏，早年参加抗日工作，1944年加入中国共产党，曾任高平县抗日政府第四区区长、县文教科科长、朝阳剧团团长等职。他编写了高平秧歌《王和尚卖妻》《王凤英转变》《姐弟逃荒》、上党梆子《秀莲图》《胡月凤》等，并将当时流行的《梁山伯与祝英台》《白蛇传》《正气图》《八大锤》《卧牛山》等改编成泽州秧歌，供农村业余剧团演出。吴婉芝、李冬莲、杨荷叶等都是经他和郭金顺选拔并培养出来的。吴婉芝还是王连生的干闺女。

王连生于1956年至1959年在长治专区干部文补校学习。毕业后，调入晋东南专区上党梆子剧团任党支部书记，成了郭金顺的黄金搭档。他认真抓剧团的思想政治工作，团结老艺人，培养新秀，使剧团的思想政治工作和艺术水平都处于良好状态。百忙之中，他还编写了上党梆子《孟家庄》《双驸马》等剧。1964年，调入山西省电影公司晋东南分公司任党支部书记。

张仁义

张仁义（1928—1994），高平市凤和村人。中国戏剧家协会会员、山西省剧协主席团委员、晋城市剧协常务副主席，曾任晋东南行署文化局副局长，上党戏剧院院长、名誉院长，一级导演。

张仁义自幼随舅父郭金顺学戏，唱小生，是郭金顺的第一个高徒。曾在传统剧目《黄鹤楼》中饰周瑜，现代剧《白毛女》中饰穆仁智、《王贵与李香香》中饰王贵，颇受好评。1953年调中央戏剧学院。1962年调回上党戏剧院任艺术研究室主任。之后，历任晋东南地区上党梆子剧团革命委员会主任、文化工作站站长、创作组组长、行署文化局副局长，上党戏剧院院长、名誉院长等。在任期间，他先后执导戏曲、话剧、歌剧三十余部，深受群众喜爱。尤其是他执导的传统戏《打金枝》、现代戏《十里店》《高山花》《骏马岭》等很受群众欢迎，获得许多奖项。1984年，由他导演的上党落子《佘赛花》还由长春电影制片厂拍成了电影。1986年，由他执导的《收书》《杀妻》《借粮》《酒楼洞房》《还印》等五个上党梆子折子戏，在山西省振兴戏曲青年团调演中获十九项奖，并获得大会最高综合治理奖，名列全省之冠。1988年，为晋城市城区鸣凤剧团导演的《巧会虹霓》获综合治理、导演等五项大奖两枚金牌。

1994年1月13日，张仁义因突发心脑血管病与世长辞。

郝聘之

郝聘之（1936—2009），女，潞城市微子镇人。上党落子、上党梆子表演艺术家，中国戏剧家协会会员，曾任山西省政协委员，长治市人大代表，晋东南地区上党梆子剧团副团长、工会副主席，长治市文化艺术学校校长。

郝聘之出身于戏曲艺术家庭，是郝同生的叔伯妹妹。1946年参加潞城县大众剧团，1947年参加太南胜利剧团，后因家庭成分问题被辞退。1948年入屯留县绛河剧团，唱上党落子，师从胡天保。在上党落子《红罗山》中扮演女主角祝英台一炮打响。接着演出了上党落子《三上轿》《骂殿》等剧，好评如潮，成了上党剧坛的知名人物。1956年返回潞城，成为潞城县红旗剧团的台柱。当年就到中国戏剧院举办的戏曲演员讲习班学习，得到戏曲大师梅兰芳、程砚秋、马连良等人的精心辅导，使她在表演理论和技艺方面都获得了飞跃。1960年初，郝聘之调入晋东南专区上党落子青年演出团，在《一棵苹果树》中饰演杜大娘。当年7月随晋东南代表团赴省参加青年演员汇报演出，在上党梆子《三关排宴》中饰演佘太君，演出获得成功。1962年，在拍摄上党梆子《三关排宴》时，长春电影制片厂建议由女演员扮演佘太君，郝聘之又被调入晋东南专区上党梆子剧团，在剧中饰佘太君，演出获得极大成功。《人民日报》在1962年5月26日

《三关排宴》剧照，郝聘之（右）饰演佘太君，吴婉芝饰演萧银宗

发表署名杨杨的文章，对她的表演大加肯定和赞扬。以后她又在上党梆子《雁门关》中扮演佘太君、《柳春院》中扮演方夫人，现代戏《红灯记》中扮演李奶奶、《沙家浜》中扮演阿庆嫂、《李双双》中扮演李双双。

1964年，她扮演由赵树理创作的上党梆子现代戏《十里店》中的女主角马红英，在太原会演时演出一场就被停演。接着在晋东南地区举办的十个戏曲剧团革命化时被人揭发"对贫下中农心怀不满，想搞反攻倒算"，被撤职副团长和工会副主席，连共青团员也被开除，让到长子县参加"四清"运动改造。"文化大革命"中历经坎坷。粉碎"四人帮"以后，党组织为她公开平反，恢复了名誉和职务。1977年她主动要求到晋东南戏剧学校执教。1985年，晋东南戏剧学校改名为长治市文化艺术学校，郝聘之担任了校长，1986年改任顾问，为晋东南培养了大批戏剧人才。

郝同生

郝同生（1934—1984），潞城县微子镇人。上党梆子表演艺术家，攻须生、小生，中国戏剧家协会会员。

郝同生从小热爱戏曲事业，1945年潞城县解放后就参加太南胜利剧团，是段二森的关门弟子。1954年，长治专区组建人民剧团时，他进入第二分团任演员并学习导演。1956年随长治专区赴京汇报演出团到北京，在《两狼山》

《徐公案》剧照，郝同生饰演海瑞

中饰杨六郎，受到好评。同年，与吴婉芝结婚。1957年转入第一分团，改唱上党梆子。反右中受到了错误对待，被划为右派，历经坎坷，一度下放农村劳动。1960年重返剧团工作。同年7月，参加了山西省青年演员汇报演出，在《三关排宴》中扮演杨四郎。1962年，在长春电影制片厂摄制《三关排宴》时为焦光普配音。同年4月返晋途经北京演出时，在《徐公案》中饰海瑞，受到首都戏剧界称赞。在"文化大革命"中备受摧残，但因观众强烈要求，造反派不得不让其登台演出。党的十一届三中全会之后，郝同生才获得彻底平反，艺术上也开始了新的探索。

在郝同生近四十年的舞台生涯中，曾扮演《两兄弟》中的丁有保、《三关排宴》中的杨四郎、《徐公案》中的海瑞、《十里店》中的高志新、《沙家浜》中的刁德一、《智取威虎山》中的杨子荣、《红灯记》中的李玉和、《潘杨讼》中的寇准、《乾坤带》中的杨八郎、《斩花堂》中的颜惠民、《李双双》中的喜旺等，都给观众留下了深刻的印象。

正当郝同生表演艺术日臻成熟，唱腔探索初获盛誉，将为振兴上党梆子大显身手之时，突然病魔缠身，于1984年5月3日病逝。

薛万青

薛万青（1930—1988），乳名松根，高平县北陈村人。上党梆子著名演员、导演，曾任山西省上党梆子剧团党支部书记。

薛万青十三岁入高平万亿班学戏，拜老演员吴来成为师，是青年学徒中的佼佼者。1946年随戏班改组，入高平县朝阳剧团。1954年调入长治专区人民剧团第一分团，历任副团长、党支部书记。1956年随团赴京演出，在《两狼山》中扮演杨七郎。1959年随山西人民福建前线慰问演出团赴福建前线慰问演出。1962年参加长春电影制片厂拍摄上党梆子《三关排宴》，在剧中饰演韩昌。返太原时途经北京给首都观众汇报演出时，他在《徐公案》中饰徐延昭，受到了首都戏剧界的赞赏和中央领导的接见。《戏剧报》用彩色插页，报道了他与郝同生饰演《徐公案》的剧照。

薛万青从20世纪60年代初从事导演工作，由于他认真学习理论，精心钻研剧本，分析角色，加上丰富的舞台实践，新导剧目均获得好评，如他导演的《骏马岭》《徐公案》《打金枝》《借粮》等均获导演奖。

马正瑞

马正瑞（1942— ），泽州县晋庙铺镇天井关村人。上党梆子须生演员，中国戏剧家协会会员，一级演员，国家级非物质文化遗产上党梆子传承人，曾任上党梆子青年演出团党支部书记、团长，晋城市文化艺术学校校长，晋城市第一届党代会代表，山西省第六届党代会代表。

马正瑞从小就酷爱戏剧，1955年他在晋城一中上学时便考入晋城县青年演员培训班。1958年分配到晋城县民风剧团，得到了著名须生申银洞和阎发生、陈玉富等老艺人的指教，艺术水平提高很快。1960年调入晋东南专区上党梆子青年剧团。1961年，青年剧团撤销建制，并入晋东南专区上党梆子剧团。后来拜郭金顺为师，虚心向郭金顺求教。郭金顺也非常喜欢这一新秀，言传身教，不遗余力。马正瑞将上党梆子的花脸唱腔糅进生角唱腔中并重新组织，形成了自己独特的演唱技巧，细腻典雅，清丽激扬，韵味醇厚，以声传情，为上党梆子老生唱腔开辟了新路。他在五十多年的演艺生涯中，坚持"继承而不泥古，创新而不离宗"的原则，在《牛头山》中饰岳飞、《仙云盏》中饰知县、《挂龙灯》中饰赵匡胤、《红灯记》中饰李玉和等，主演过九十余个大小剧目，其精湛超群的演技和醇厚清新的唱腔，深得专家认可和观众好评。他饰演《打金枝》中的唐代宗，在唐代宗的七十多句唱腔中，他唱得不温不火，亲切朴

《打金枝》剧照，马正瑞饰演唐代宗

实，韵味无穷，感人至深，群众称他为"活唐王"。他在《寇准背鞋》中饰寇准，学习京剧《徐策跑城》的身段功，又借鉴河南曲剧的圆场步，结合上党梆子的三把底功，步伐稳健，身段潇洒，动作洒脱优美，干净利索，观众为之叫绝，称他"活寇准"。1979年省里调演，马正瑞获得演员奖。1982年山西省举办优秀中青年演员巡回评比演出，被评为省一等演员奖。1987年上党梆子《斩花堂》由长春电影制片厂拍成电影，马正瑞担任戏剧导演并在剧中反串了大净张从。1988年山西省文化厅在晋城举办振兴上党梆子调演，他领导的剧团演出的《两地家书》获得综合治理奖第一名，并获得了许多奖杯和奖状。1989年省文化厅授予马正瑞十佳青年团长称号。1990年省委宣传部授予马正瑞先进工作者称号。

　　1983年马正瑞担任晋东南地区上党梆子剧团团长，他坚持"出人、出戏、走正路"，注重培养青年演员，甘为人梯，把重要角色让给青年人去演，自己甘当配角，给青年人的成长提供各种方便，促进了年轻演员的成长。后又任晋城市文化艺术学校校长多年。

王桂兰

　　王桂兰（1938—　），女，父亲为江西人，母亲为四川人，均为老红军。后从继父姓，入高平河西籍。以扮演上党梆子须生著名，兼演小生、老旦，中国戏剧家协会会员，二级演员。

　　王桂兰曾担任过副乡长，因热爱戏剧，常参加业余演出活动，后放弃乡长不当，干脆从艺，于1955年调入了高平县新光剧团，1959年调入晋东南专区上党梆子剧团。

　　王桂兰唱腔清脆洪亮，素有"铁嗓子"之称。她以扮演《挂龙灯》中的赵匡胤一鸣惊人。她扮演的小生，温文尔雅，倜傥风流；扮演的老旦，庄严持重，体态大方。她曾在《打金枝》中扮演郭暖、《皮秀英打虎》中扮演吴祯、《金玉佩》中扮演陈秋遴、《三关排宴》中扮演佘太君和萧银宗、《乾坤带》《雁门关》中扮演佘太君、《红灯记》中扮演李奶奶、《沙家浜》中扮演沙奶奶、《十里店》中扮演东方母，深受观众喜爱。

　　1979年王桂兰获晋东南地区质量戏巡回观摩演员奖，1982年在山西省优秀中青年演员巡回评比演出中获二级优秀演员奖，1988年山西省文化厅在晋城举办振兴上党梆子调演，王桂兰获配角银牌奖。

　　王桂兰爱人马明昌，系二净名角马高升之子，多年从事戏曲工作，演须生兼导演。

《金玉佩》剧照，王桂兰饰演陈秋遴

高玉林

　　高玉林（1942—　），女，晋城市城区钟家庄乡东谢匠村人。上党梆子青衣演员，中国戏剧家协会会员、山西省戏剧家协会会员。

　　高玉林十二岁参加晋城县民生剧团，拜著名须生晋德山为师。由于她嗓音好，做戏认真，很受观众喜爱。1959年随山西人民福建前线慰问演出团赴福建前线慰问演出，返省后调入晋东南专区上党梆子剧团。1962年拍摄《三关排宴》电影时，她扮演穆桂英，并为桃花公主配音。1964年应晋城县上党梆子剧团之邀，高玉林在《丹河湾》中扮演赵银燕，参加省现代戏调演，受到好评。1982年山西省举办优秀中青年演员巡回评比演出，高玉林和刘汝森合演《二堂舍子》，获一级优秀演员奖。高玉林扮演的角色，主要有《打金枝》中的沈后、《秦香莲》中的秦香莲、《寇准背靴》中的柴郡主、《破洪州》中的穆桂英、《李双双》中的李双双、《沙家浜》中的阿庆嫂、《柳春院》中的方夫人等。她的唱腔清脆甜润，绚丽多情，每次演出都博得阵阵掌声。高玉林甘为人梯，竭力扶持青年人上马，把重要角色都让与青年人来演出，并尽力辅导，从而更加获得青年人的尊重。

《秦香莲》剧照，高玉林饰演秦香莲

孙有根

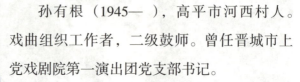

　　孙有根（1945— ），高平市河西村人。戏曲组织工作者，二级鼓师。曾任晋城市上党戏剧院第一演出团党支部书记。

　　孙有根出身梨园世家，祖父田天顺是上党梆子鼓师，原籍高平县龙渠村，后移居晋城岸则。父亲弟兄三人均为鼓师。

　　孙有根三岁时拜郭金顺为干爹，也是郭金顺的徒弟。1957年参加长治专区上党梆子剧团，先学唱戏，后改音乐。先后参加山西人民福建前线慰问演出团赴福建前线演出、长春电影制片厂拍摄《三关排宴》、国务院小礼堂给中央领导汇报演出和华北地区文艺调演。

　　他当鼓师有激情，需要时能配合演员表演，把剧情推向高潮，到了抒情场面又能轻敲慢奏，使角色能从容发挥，因而获得了演员的嘉许和观众的称赞。1982年起，担任上党梆子青年团团长，剧团声名鹊起。20世纪90年代，担任晋城市上党戏剧院第一演出团党支部书记后，率团两上北京，一赴沈阳，该团先后荣获两枚梅花奖、一枚文华奖和中国戏剧节的七项大奖，盛极一时。

李德全

李德全（1930—1988），高平县李家庄村人。上党梆子鼓师，山西省戏剧家协会会员。

李德全出身贫苦家庭，十五岁入高平万亿班，拜名琴师阳城段福元（乳名小祭）为师，后又拜马富孩为师。1946年万亿班改组为高平县朝阳剧团，他的艺术水平引起了观众的注意。1954年加入长治专区人民剧团第一分团。1956年随团赴北京汇报演出，1959年随山西人民福建前线慰问演出团赴福建前线慰问演出，都担任鼓师。上党梆子《三关排宴》长期加工排练中，特别是在长春电影制片厂拍摄时，他手击口述，备极艰辛，深受电影导演刘国权和本团领导及演职员的赞许。1973年调入晋东南戏剧学校任教员。

李德全富有事业精神，认真负责，一丝不苟，为人忠厚勤恳。他击鼓技艺精湛，与演员表演紧密配合，出色地完成了演出任务。不论是名角还是普通演员，他都能因人而异，因戏而异，使两根鼓槌表达出复杂的内心情感，协调全盘乐器，绝不炫耀自己。

靳山海

靳山海（1937— ），又名三孩，陵川县六泉乡浙水村人。二级琴师，山西省戏剧家协会会员。

靳山海自幼在本村业余剧团拉头把（巨琴），并小有名气。1955年参加陵川县民锋剧团，成为出色的琴师。1960年调入晋东南专区上党梆子青年剧团，任琴师。1961年，青年剧团撤销建制，并入晋东南专区上党梆子剧团。1962年剧团赴长春拍摄《三关排宴》电影，头把就是靳山海拉的，获得全团演职人员和电影导演刘国权的称赞。其后，晋东南专区上党梆子剧团排演的《李双双》《打金枝》《十里店》，经常上演的《秦香莲》《法门寺》《雁门关》，以及1979年参加山西省为国庆三十周年献礼演出获演出奖的《骏马岭》，1980年、1982年两次参加省里举办的评比演出，1986年五个折子戏在山西省振兴戏曲青年团调演时一举夺魁，誉满太原，都是由靳山海拉头把的。1988年山西省文化厅在晋城举办振兴上党梆子调演时获综合治理奖第一名的《两地家书》和《吴起平乱》《杀惜》、戏曲电影《斩花堂》、戏曲电视剧《初定中原》等，都是由靳山海操琴。靳山海多次对头把进行改革，为上党梆子的唱腔革新做出了积极的贡献。

无惧厄运

心系舞台

WUJUEYUN XINXIWUTAI

戲

无惧厄运 心系舞台

　　20世纪60年代初，党号召戏曲界实行传统与现代戏"两条腿"走路的方针，后来又号召要传统戏、新编历史剧和现代戏"三并举"，提倡戏剧改革。无疑，这些政策都是非常正确的，给中国戏曲事业的发展指明了正确的方向。对此，晋东南专区上党梆子也不甘落后，郭金顺作为上党梆子的领军人物，也顺应历史潮流，在上党梆子的传承与创新上付出了巨大的努力，取得了可喜的成果。当然，由于传统戏剧表演程式与反映现代生活、形式与内容的固有矛盾，加上左倾指导思想的干扰，戏剧改革、戏剧现代化的得失，仍在争议之中，但在赵树理的帮助下，在郭金顺、吴婉芝等人的努力下，上党梆子改革与创新的成绩则是不容抹杀的。特别是1962年以后，晋东南专区上党梆子剧团进入了重点探索现代戏时期，代表剧目是赵树理创作的《十里店》。

　　1963年春，剧团移植了现代戏《李双双》。其间，还组织小分队到山庄窝铺演出，体验农村生活，五十多天行程一千多里，演出七十多场，深受人民群众欢迎，剧团演职人员本身也受到了深刻的教育和锻炼。这年6月，山东省菏泽专区枣梆剧团和河北省永年县西调剧团先后来到晋东南做"回娘家"演出。枣梆剧团带来了现代戏《朝阳沟》《老王卖瓜》，整理传统戏《姐妹易嫁》《求妻闹店》《徐龙铡子》《醉宫》等。西调整理了传统戏《杨八郎刺萧》《海瑞告状》《快活林》等，都具有较高的艺术水平，这为晋东南专区上党梆子剧团贯彻中央"两条腿"走路和"三并举"方针，带来了宝贵经验。作为一团之长的郭金顺非常高兴，他像招待亲戚一样招待了这两个同祖同宗的兄弟剧团，带领剧团人员和他们互相观摩、座谈，学习交流经验。两个兄弟剧团也向郭金顺求教学习了不少技艺。热心戏剧事业的赵树理也赶来观看演出，并做了三次重要讲话。以后，枣梆、西调剧团又多次来上党地区"走亲戚"演出，郭金顺也率领上党梆子剧团做回访演出。还派郝聘之、马天云等人参加了菏泽专区观摩戏曲会演，双方互相建立了团与团、人与人之间的亲密关系。到了这年10月，这三个剧团和晋城县上党梆子实验剧团又聚会晋城，做了小型观摩会演，赵树理看了全部演出，并在会上做了三次讲话。当时在晋城演出的郑州市越调剧团也参加了观摩，赵树理风趣地把这次观摩演出称作"晋冀鲁豫四省会演"。这年秋天，剧团排演了由程联考整理的上党皮黄《打金枝》，由张仁义导演，郭金顺饰演唐代宗，高玉林饰演沈后，王桂兰饰演郭暧，李增华饰演升平公主，卫建顺饰演郭子仪，此剧后来成为剧团保留剧目。

　　1963年夏，赵树理从北京回来，参加长治市在黄碾公社的"四清"试点，他在曲里村住了半个月就走了。1964年山西省里要举行现代戏会演，晋东南专区上党梆子剧团手头没有剧目，郭金顺非常着急，找地委宣传部和上党戏剧院想办法。恰巧这时赵树理想去河南与李准、杨兰春合作写戏路过长治，地委宣传部和上党戏剧院请他为剧团写个现代戏剧本。赵树理这个人好说话，一口答应下来。为此他还深入

《十里店》剧照，郝聘之饰演马红英

到陵川县黑山底村去体验生活，并采访了一些同志，回来后便和上党戏剧院的栗守田共同研究，写出了现代戏剧本《十里店》。《十里店》的主要剧情是：有一天，十里店的党支部书记王瑞和妻子正在谈论儿子王家骏的婚事，副大队长高志新找上门来，提出把副业上的劳动力集中到地里锄谷。大队长刘宏建不同意，因此双方展开了矛盾冲突。后来，陈焕彩、李天泰等趁王家骏结婚时挤进去给党支书送礼。可团支部书记王得胜采取婚事新办的做法把马红英娶到家，把陈焕彩等挤出去。最后查卫生查到王东方家，妇联主任李玉屏指责王东方家又脏又乱，不讲卫生。当下把久病卧床的王东方母亲气得快要断了气，村里的干部和邻居都跑来救人。马红英借此机会把查卫生的经过及刘宏建拉帮结派、以权谋私等问题全盘端出。故事发展到高潮时，县里的查案组来到村里。此时剧情戛然而止，让人回味无穷。剧本在6月中旬拟出题纲，到8月8日，晋东南专区上党梆子剧团便在长治古会上公演，受到了群众的热烈欢迎。《十里店》由上党戏剧院张仁义导演，马天云音乐设计，朱忠保美术设计，郭金顺饰演陈焕彩，郝聘之饰演马红英，郝同生饰演高志新，

王桂兰饰演王东方母，马正瑞饰演王东方，郭堂虎饰演王家骏，宋清秀饰演王得胜。本来这个戏结构严密，人物形象鲜明，语言生动流畅，有浓厚的上党风味，应该说是一出好戏，但有人认为它"暴露了社会主义的阴暗面"，"副作用太大"。9月份，晋东南专区上党梆子剧团以此剧参加了山西省现代戏会演，只演了一场就被勒令停演。这对剧团来说，无疑如晴天霹雳，作为一团之长的郭金顺更是压力山大，思想沉重。全团上下沉浸在一片郁闷、恐惧之中。张仁义气愤不过，给省委书记陶鲁笳写信陈述和辩解，为《十里店》鸣不平，遭到大会小会批判。后来还是华北局书记李雪峰看过了，表态说"改一改可以演出"。经赵树理三次修改，领导仍不满意，大家深感无奈。为《十里店》赵树理付出了罕见的心血和精力，使他身心十分疲惫。直到"文化大革命"之前还在不停地修改，前后一共有六次之多。修改后由晋东南专区上党梆子剧团、晋城、阳城三个剧团分别演出，特别受群众欢迎。可是在"文化大革命"中却成了赵树理的滔天罪行。为此，他曾痛切地说："我是生于《万象楼》，死于《十里店》。"《万象楼》是他参加革命后所创作的第一个反映现实的剧本，《十里店》却是他一生中最后一个完整的作品，不想却成了一颗炸弹，让他遭受种种磨难。山雨欲来风满楼，从此，拉开了他人生中狂风暴雨的序幕。

1966年中国进入了一个疯狂的年代，"文化大革命"开始了，而晋东南这块古老的土地也在劫难逃。这场触及每个人灵魂的大革命令人百思不得其解。大字报铺天盖地，革命造反派到处冲冲杀杀，横冲直撞，整个社会都像炸了营、乱了套。晋东南专区上党梆子剧团也不例外，屋里屋外，院内院外到处是横七竖八用绳索扯起来挂满了的大字报，既有批判邓拓、吴晗、廖沫沙"三家村"的，也有批判周扬"反党反社会主义反毛泽东思想的文艺黑线"的，还有批判彭（真）罗（瑞卿）陆（定一）杨（尚昆）"反党集团"的，开始时基本上还没有触及本地、本单位的人和事，可是时隔不久，批判赵树理的运动便开始了。群众组织口口声声要把赵树理斗倒、斗垮、斗臭，不获全胜，决不收兵，还要彻底斩断赵树理的魔爪。当时赵树理的头脑是清醒的，他在心里感谢罗瑞卿，所以几次检查中，对罗瑞卿只字未提。

周扬被作为"文艺黑线的祖师爷"被批判之后，赵树理自然也被置身于风浪之中，作为周扬的干将被抛了出来。赵树理一生中最为困难的时期开始了。

赵树理的魔爪在哪里？晋东南文化革命的突破口在哪里？在上党地方，首先是上党梆子剧团，这里被人称作是重灾区。赵树理那么喜欢上党戏，也算一个大戏迷，一生生活在对戏曲的欣赏中，生活在上党梆子的旋律里。他对上党梆子的唱腔、音乐、剧目等如数家珍，他还能为剧团掌鼓板，甚至登台扮演角色。他在茶余饭后敲着碗底当板鼓的自娱自乐，在某些场合忘情的吼唱，都是他戏曲人生中真性情的自然流露。

赵树理为上党梆子整理剧本《三关排宴》，把戏搬上银幕，演到北京，被批判为"大搞帝王将相、才子佳人"。赵树理为上党梆子撰写《十里店》被批判为"利用小说戏剧反党反社会主义"。时隔不久，赵树理便被挂上"资产阶级反动权威"的牌子，被揪到晋东南戏剧学校的小礼堂接受批斗，陪他一起批斗的有"一院两团一校"的领导，一院是上党戏剧院，两团就是晋东南专区上党梆子剧团、

晋东南专区上党落子剧团，一校即晋东南戏剧学校。主要有陈奇、程联考、郭金顺、杨福禄、王胖则等共计三十七人，当然被批斗的人还有郝同生、马天云、郝聘之、吴婉芝等被称作牛鬼蛇神的人。造反派们给他们戴上高帽，胸前挂上"地主分子""右派分子""赵树理的小爬虫""党外走资派"等牌子，后背贴上用旧报纸写的和胸前牌子相适应的标语，用绳子串在一起拉着他们去游街示众。就这他们还嫌糟蹋得不够，还编了一首《牛鬼蛇神嚎丧歌》，让他们在每日三餐前，必须哭丧似的连唱三遍后，才允许他们最后去吃饭。《牛鬼蛇神嚎丧歌》的内容是：

　　　　我是牛鬼蛇神，
　　　　我是人民的敌人。
　　　　我有罪，我该死，
　　　　人民应该把我砸烂砸碎，
　　　　砸烂砸碎。
　　　　我是牛鬼蛇神，
　　　　要向人民低头认罪。
　　　　我有罪，我改造，
　　　　不老实交代死路一条，
　　　　死路一条。

　　上党一带是革命老区，历史上曾发生过长平之战和上党战役，他们搞起"文化大革命"来也和别的地方不同。他们把"文化大革命"搞成了武化大革命，开始还是口诛笔伐，后来便兵戎相见了。

而晋东南专区上党梆子剧团的"文化大革命"却和全区有所不同，也有它自己的特别之处。这里的"文化大革命"是和对赵树理的批判斗争紧密联系在一起的。这里是重灾区。赵树理在其他地方，不过是写写小说，耍耍笔杆子，人们够不着，但在晋东南专区上党梆子剧团，他却和大家在一起相处，为之编剧，为之排戏，甚至掌鼓板。他那样平易近人，自己口袋里装着两种烟，让别人抽的是中华牌，而自己吸的却是绿叶烟。灶上开饭他去得迟，经常最后吃锅巴，但他乐此不疲。这样的人怎么会是坏人？怎么能反党反社会主义？要让剧团的人来批斗赵树理，大家下不了手，也不忍心。为此，上级多次批评郭金顺领导不力，受赵树理毒害太深，划不清界限，批判赵树理的斗争没有开展起来。当时，晋东南戏剧学校没有梆子剧团与赵树理那层关系，且学员年轻气盛，血气方刚，所以"文化大革命"中第一家揪斗赵树理的便是晋东南戏剧学校的红卫兵。这次运动，对于郭金顺来说也有些特别。其他单位批斗党内走资本主义道路的当权派，他不是党员，被冠以"党外走资派"。人家批判他"三名三高""反党学术权威""赵树理的黑干将"，他认了。在当时，凡是各个单位的头头脑脑，只要是带"长"字的都是当权派，那时的当权派就等于走资派，就是这个逻辑。郭金顺是晋东南专区上党梆子剧团的一团之长，当然就是走资派了。作为上党梆子著名表演艺术家，不是名人、不是权威又是什么？郭金顺说《三关排宴》和《十里店》是赵树理改编和创作的，可那是我们请人家来帮助写的，是我带领剧团排演的，而且还担任角色，说是个"干将"也不为过，但有些帽子戴得却不太合适。如有人说他是"三开"（在旧社会、日寇统治时和解放后都吃得开）人物。在旧社会，

作为一个旧艺人在旧班社为人家东家服务，你不唱戏吃什么、喝什么？我又没去给国民党政府官员去唱堂会！就是随师父到太原演出，那也是为省城观众演出呀！日本侵略中国，演艺人员没法生活，跑到根据地演出，还得到抗日政府支持。有一次被日本鬼子抓了差，强迫演出还被打得遍体鳞伤，怎能说是演了汉奸戏！至于解放以后唱红太行、唱红全省，成了名角，何罪之有？怎么能说是"三开"人物？他认为这是对他人格的侮辱。至于说他不该演帝王将相、才子佳人，那是剧团演员的职责，全省、全国，哪个剧团不演帝王将相？哪个剧团不演才子佳人？你不让演也就算了，那不是演员个人的过错。所有这些他都淡然处之，一笑了之。还有一条属于他自己生活上的罪状，有人揭发他过去吸过毒。他觉得，在旧社会唱戏的艺人特别是名角，被人看作下九流，瞧不起，有时演戏叫你连轴转，白天唱了黑夜唱，有时强迫你一直唱到天明。演员身体顶不住火候，免不了抽上一两口鸦片烟，时间一长便上了瘾。解放以后，在党和政府的帮助、教育下早就戒了毒瘾。现在重翻这个老账，抓住这个辫子不放，当时有些想不通。不过，他是一个豁达大度、胸怀宽广之人，也没把它当回事。事后有人对他说："过去你对有些人那么好，'文化大革命'人家还揭发批判你，太没良心了。"他笑笑说："那是政治运动呀，谁也看不清，孩子们年纪轻、阅历浅，不揭发批判你，他怎么能和你划清界限？自己怎么过关？我们做长辈的、做领导的不能和孩子们一般见识。"所以，他从不忌恨那些曾经揭发批判过自己的同志，总认为错误谁都难免，改正过来就没事了，给受冤的同志平了反就好了，个人受点委屈算不了什么。他经常对人说："我坚定地相信，阳光总在风雨后，相信会有彩虹出现，所以风风雨雨我都能接受。"令郭金顺深感欣慰的是，"文化大革命"中，剧团的多数演职人员都对他很好，并没有把他当成坏人。人人心中自有一杆秤，公道自在人心。大家觉得他这个"党外走资派"不像个走资本主义道路的当权派，他决不会反党反社会主义反毛泽东思想，他是一个实实在在的好同志、好演员、好领导，是一个大大的好人。所以团里也贴大字报，也开批斗会，也不过掩人耳目，走走形式而已。只有少数几个人瞎折腾，也掀不起什么大浪来。社会自有公论，公道自在人心，民心民意不可违！

1967年初，全国、全省各地掀起了夺权高潮，上党梆子剧团的造反派们也来向郭金顺夺权。正在办公室里办公的郭金顺见来人气势汹汹，声声呐喊，要夺剧团领导的权。郭金顺镇定自若，从容不迫地站起来，用钥匙打开锁子，从抽屉里取出公章来，交给他们说："你们想要就拿走吧，快拿走吧，何必来夺！反正我留着也没有用了！"他的一席话把吵着来夺权的人都逗笑了。

夺权之后，晋东南地区很快分成红字号和联字号互相对立的两大派组织，互相攻讦，各不相让，舌战变成了枪战。造反派们都忙着搞派性斗争，无暇顾及那些走资派和牛鬼蛇神，郭金顺他们反倒清闲了。郭金顺被造反派安排在单位看大门、烧锅炉。郭金顺秉性不改，干什么工作都认真负责，兢兢业业，一丝不苟，就是看个大门也还是那个认真劲。从早到晚不离岗不说，外面打电话进来，他都要一一登记，并及时向"领导"汇报。有需要叫本人来接电话的，他不管白天黑夜，哪怕半夜三更，他都要跑着去叫，从来不耽误。"文化大革命"使他离开了自己所钟爱一生并为之奋斗的舞台，剥夺了他演出的权利，但是他一时一刻都没有忘记舞台，每天都在

《寄女杀家》剧照，郭金顺饰演萧恩，吴国华饰演萧桂英

琢磨戏剧，琢磨戏剧事业的发展。只要是事业需要，只要有人来叫，他有求必应。剧团请他去排演节目，戏校请他去讲课，他随叫随到，从未推托过。

当时正值"文化大革命"期间，戏曲艺术的好多基本技艺成了"四旧"，都被抛弃了。1973年，恢复了晋东南戏剧学校。可是学生们开始学样板戏，只知道李玉和、阿庆嫂、李铁梅、李奶奶、刁德一、胡司令，对于传统戏剧行当一无所知。对此，山西被解放出来重新工作的老领导看到戏剧后继乏人，冒着风险在山西各地恢复戏剧学校，而且对戏剧基本功和"四功五法"的训练非常重视。为此，晋东南戏剧学校专门请郭金顺、温喜云、郝聘之、晋德山等老艺人来校讲课。郭金顺和温喜云、晋德山三人住一间小屋，和学生们一起吃大锅饭。当时郭金顺身患严重的关节炎，每天拄着拐杖来给大家讲课，整日辅导学生下腰、压腿、踢腿、吊腿、劈叉、拿顶、小翻、水袖、圆场，教唱腔、道白，一招一式，一字一句，一板一眼，一点一滴，手把手不厌其烦地教，毫无保留。有他讲的课他来，没有他的课也照样来。除学习、排练样板戏外，恢复传统戏后，他还和其他老师给学生排演了《三关排宴》《雁门关》等传统剧目，许多开戏的课都是郭金顺亲自示范、讲解。经过他一字一句、一个动作、一个眼神的长时间排练，《三关排宴》终于在1978

年全省教学剧目汇报演出时，在省城一炮打响。郭金顺在晋东南戏剧学校待了好几年，为晋东南地区培养了一批戏剧人才，对晋东南地区这段时期戏剧事业的发展功不可没。特别是他在戏校里不仅给学生授课，还给青年教师传授，言传身教，耐心辅导，不仅培养了吴国华、张保平、郭孝明等一批名闻全省的好演员，而且还带出了一批业务精湛的好教师。在戏校期间，他还收了两个徒弟郭孝明和贾小军，这是郭金顺最后收的两个关门弟子，现在均已成才成名。郭孝明现在还是国家一级演员，山西省上党戏剧院常务副院长。

　　高平县人民剧团排演《逼上梁山》，他也去导演。劫后余生的他后来虽然退休在家，但心系舞台。青年演员向他求教演技，他都孜孜不倦地教诲，呕心沥血地培养他们。有一次，高平县人民剧团上演《忠烈千秋》，郭金顺看完连小虎的演出，第二天便拄着拐杖上门向连小虎祝贺，并指出其不足，令连小虎感激不已。郭金顺患有严重的关节炎，行走困难，需要家人搀扶。可是故乡人民总想看看他的演出。为此，他不顾自己身患疾病，忍着疼痛，有邀必往，总要满足群众的要求。1980年7月，高平县召开党代会、人代会、政协会，会议期间，高平县人民剧团专门为大会做助兴演出。但人们仍不满足，代表和委员们纷纷提出请郭金顺登台表演，让大家过过瘾。当时县里领导也很为难，征求郭金顺的意见，他毫不迟疑，欣然应允。那

《逼上梁山》剧照，郭金顺饰演张教头

天晚上演的是《雁门关》和《黄鹤楼》，在《黄鹤楼》里，郭金顺饰刘备，申小红饰鲁肃，晋德山饰赵云；在《雁门关》里，郭金顺和其徒弟连小虎及连小虎的徒弟戴建民三代演员同台演出，郭金顺饰演杨八郎。听说郭金顺要演出，许多群众从乡下赶来，兴致勃勃地前来观赏睽违已久的郭金顺的表演，到处街谈巷议，一票难求。因礼堂限制，许多人只好站在礼堂外听郭金顺演唱。演出开始了，当他在舞台上一亮相，观众立即报以雷鸣般的掌声。他的扮相仍像当年那样俊美，他的唱腔依然是如大珠小珠落玉盘，句句掷地有声。人们交口称赞"小红生"宝刀不老，不断鼓掌给他以褒奖。当剧情发展到杨八郎向佘太君下跪时，观众都为这位已六十五岁高龄的老人捏着一把汗。不少人都知道郭金顺身患严重的关节炎，双腿很难弯曲。观众们都在想，做做样子算了，不然跌倒咋办？为了老人的安全，事先剧团也做了万无一失的安排。郭金顺出场便有二人扶着送出台来，下场时也安排二人接他回去。至于下跪就大可不必了，观众一定会谅解的。但是，素有一丝不苟风范的郭金顺岂肯将就？只见他右手托着椅子，异常吃力地弯呀弯呀，终于跪下了。此时，暴风雨般的掌声再次响起，经久不息。人们用欢呼表达对他的热爱，用掌声表达对他由衷的赞赏。

1982年，中华人民共和国文化部艺术局专门派人来晋东南，对过去有所成就的演员的演出做抢救性的录像，他们录制了郭金顺演出的拿手好戏上党皮黄《清河桥》和上党梆子《东门会》，王东则演出的上党梆子《甘泉宫》。与此同时，也录制了吴婉芝、郝同生演出的《皮秀英打虎》和《徐公案》，存档于国家戏曲资料之中。

巨星陨落

山河同悲

JUXINGYUNLUO SHANHETONGBEI

巨星陨落 山河同悲

1982 年 12 月 14 日，上党梆子的一颗巨星陨落。消息传来，太行含悲，丹河呜咽，上党大地沉浸在一片悲痛之中。

事情来得非常突然。那天上午，郭金顺还在长治家中和他的一位朋友下棋，两人为一着棋斗着嘴，互不相让，并没有什么异常。可是下着下着，他突然说："不跟你下了，我去床上休息一会儿。"说着便起来进了卧室。

此时，郭金顺的妻子赵晚荣正在灶前擀面，做午饭。赵晚荣是郭金顺的第二任妻子。郭金顺第一任妻子与郭金顺度过了一段苦难的日子，为他生了两个闺女。生小女儿后，妻子得了产后风，离他而去，留下一个嗷嗷待哺的婴儿。那时候他是剧团的台柱子，没有他上场，戏价就要大打折扣，他又唱戏，又当爹，又当娘，度日艰辛，苦不堪言。没有办法，郭金顺只好将小女儿送人，后又续娶了第二

任妻子赵晚荣。赵晚荣是高平县赵庄乡小会沟村人，漂亮又能干。因为不曾生养，他们就又抱养了一个儿子，起名高潮。高潮长大后，在剧团当了临时工。

那天中午，郭金顺进了卧室，跟他一起下棋的朋友也走了，赵晚荣还在擀面。突然从卧室传来通的一声响，赵晚荣不知发生了什么事，放下擀面杖就往卧室跑，一进卧室，眼前的一幕把她惊呆了：郭金顺跌倒在地，痛苦地呻吟，已经不会说话了。她抱着丈夫使劲往床上挪，但哪能挪得动？吓得她大哭大叫起来。此时儿子高潮和媳妇正陪着孙子住医院，身边也没个帮手。院内的剧团人员听着她家不对劲，赶紧跑来，大家七手八脚把郭金顺抬上车送往医院。可是天不假年，当他们赶到离剧团较近的长治市第二人民医院时，郭金顺已经停止了呼吸。闻名太行、享誉三晋的上党梆子一代翘楚，风云舞台五十多年的郭金顺，就这样溘然而逝。倾刻间，天旋地转，家属院内，一片悲声，上党古城哀音遍地。赵晚荣和她的孩子们更是捶胸顿足、撕心裂肺地哭喊。本剧团的人们，不管老的、少的，一个个眼睛里像吊了灯笼一样，止不住地掉眼泪。

郭金顺走了，天空陨落了一颗巨星，上党剧坛失去了一位伟大的戏剧表演艺术家，剧坛失去了一位好老师，剧团失去了一位知冷知热的老领导，戏迷们失却了梨园逸响、仙音妙乐，人民失去了一位全心全意为人民服务的好同志。舞不尽生旦净末丑，唱不完百世人间情。一生心系艺术、心系舞台、心系剧团、心系观众、心系人民的郭金顺，如今竟也不管不顾，撒手人寰。无奈上天既无补恨之方，方士也乏返魂之术。便是同台战友，也只能泪洒朱弦，心忧黄里，杜鹃啼血，断肠人送断肠人了。

晋东南行署专员赵锐在郭金顺追悼会上致悼词

郭金顺逝世后，山西省晋东南地委、晋东南行署立即成立了以行署专员赵锐为主任的治丧委员会。灵堂很快在剧团小礼堂设立，郭金顺的灵柩停放在礼堂内舞台上，这里便成了人们的吊唁大厅。上党梆子剧团的全体人员人人胸戴白花，臂戴黑袖章，想起老团长昔日的亮节高风和种种好处，一个个眼里噙满泪水，止不住阵阵哽噎和呜咽。每天不管昼夜都有家人守灵，剧团的全体人员也陪着守灵。每当死者生前好友前来吊唁，家人陪着哭丧，剧团的人也陪着痛哭不已，哀号一片，感天动地。有一天，有一位老太太哇哇大哭着进来，跪在灵前哭得死去活来，扶也扶不起来。在场的人谁也不认识，不知道是个什么特殊亲戚，问了半天才知是郭金顺生前的一个老戏迷、老粉丝。由于前来吊唁的人太多，灵堂设了九天。12月20日，治丧委员会与各界代表和郭金顺的家属以及生前亲朋好友为

郭金顺举行了遗体告别仪式。

1982 年 12 月 23 日，郭金顺的追悼大会在太行太岳烈士陵园举行。灵堂悬挂着郭金顺的遗像，上面悬挂着黑底白字"沉痛悼念戏曲表演艺术家郭金顺同志"的横幅，前面是苍翠的青松、雪白的花朵、鲜血一般的旗帜，还有各地敬献的近二百个花圈、挽联和九十九块缎幛，白花花地摆了一片。郭金顺的遗体被安放在这青松白花之中。有的花圈上写着："老团长一路走好！""我们怀念老团长，老团长时刻爱我们！""老团长同我们同甘苦，我们和老团长心连心。""郭金顺同志永垂不朽！"会场庄严肃穆，参加的人悲痛万分。追悼会由晋东南行署副专员阎根锦主持，专员赵锐致悼词。参加追悼会的人员有晋东南地委、行署，地委宣传部，行署文化局，上党戏剧院的领导，晋东南地区上党梆子剧团的全体演职人员。晋东南地区上党落子剧团，晋东南戏剧学校，郭金顺家乡高平县委、县人大、县政府、县政协的领导同志，晋东南地区所属十六个县市的宣传文化部门和剧团也都派人参加，共计六百余人。中国戏剧家协会，省剧协、省人大、省政协，省里四大梆子的晋剧团、蒲剧团、北路梆子剧团也都派人参加或拍来唁电，送来花圈和挽联。各地送来的一副副挽联跃入人们的眼帘：

> 演技精湛，小红生蜚声上党
> 艺德高尚，老团长誉满太行
> 歌喉嘹亮，遍唱昆梆黄罗卷
> 做工细腻，传誉晋豫吉闽京
> 打金枝，挂龙灯，薛刚反唐，描出唐宋两代

两狼山，雁门关，三关排宴，精演父子三人

这是有史以来，晋东南地委、行署为一个上党地方戏曲名人所举行的最为隆重、最高规格的一次追悼会。

巍巍太行树丰碑，滔滔丹沁悼英魂。郭金顺的一生，是为上党戏曲艺术奋斗毕生、鞠躬尽瘁的一生，为上党梆子戏曲事业的发展做出了不可磨灭的贡献。他的去世，是上党人民的损失，也是三晋人民的损失。今游仙升天之日，广寒听曲之时，太行为之含悲，丹沁为之流涕。他的一生，满腔碧血映丹心，梅花品德日月魂，两袖清风朝天去，浩然正气满乾坤，壮志无悔中国人，是上党戏剧艺术界的典范、人民学习的榜样。

追悼会之后，郭金顺的骨灰没有安放在烈士陵园，而是遵从他的遗嘱，送回高平老家。晋东南地委宣传部、行署文化局和上党梆子剧团的领导乘车护送至高平。

郭金顺的灵魂从沉重的肉身中游离出来，变作一缕游魂，开始朝着故乡的方向前进。他知道，故乡的亲人、朋友正等着他的到来。于是他穿过高山，越过流水，穿过漠漠的云烟，终于叶落归根。故乡啊故乡，你不仅是地域的眷念和怀旧，更在于是一种文化，一种精神上的维系和灵魂的回归。

灵车行至高平县南王庄地界，三十年前的一幕又出现在眼前：灵车被高平人民拦住了。不过，1954年八送朝阳，是高平县人民欢送自己的剧团赴长治升迁，而今天却是高平人民欢迎郭金顺魂归故里。

郭金顺，你是高平人民的骄傲，你没有辜负高平人民的希望，

辗转驰骋三十年，为上党戏剧事业的发展做出了贡献，竖起了丰碑，为高平人民争了光、长了脸，如今虽然仙逝，但载誉而归，魂归故里，郭金顺同志，高平人民欢迎你。

高平县委、县人大、县政府、县政协和群众代表早已等在这里。他们在长高公路、南王庄村边等着郭金顺灵车的到来，一幅醒目的横幅"热烈欢迎郭金顺同志魂归故里"挂在路边。离别三十年的郭金顺归来了，虽然是生离死别，尽管山川悲戚，大地呜咽，太行齐哀，丹河同悲，但归来的是英魂，回来的是典范，挺立的依然是泰山，永恒的依然是春天，燃烧的永远是热血，不朽的永远是郭君奋斗终生的信念。郭金顺英灵永在，郭金顺永垂不朽。

少年才俊江湖老，叶落归根是故乡。魂兮归来，漂泊了一生的戏曲艺术家，上党梆子泰斗、一代戏魂终于回到生你养你的丹河之畔了。丹水呜咽，如泣如诉，汇聚成滚滚波涛，向你诉说着昔日的故事；巍巍太行，默默耸峙，迎候着这位戏曲大擘回到自己的怀抱。生命虽短，事业长存，郭金顺你就安息吧。

戏魂永在

余韵流芳

XIHUNYONGZAI YUYUNLIUFANG

戏

戏魂永在 余韵流芳

　　郭金顺走了，但是在他五十多年的戏剧生涯中，把上党梆子这一地方文化奇葩锤炼得炉火纯青，把民族文化的内涵和积淀升华到了一个新的高度，绽放出灿烂的光芒。红生虽死，余韵犹存，流芳百世。他的未竟事业正薪火相传，代代不绝。吴婉芝是郭金顺发现、选拔和培养起来的，马正瑞是他的高足，吴国华又全面传承了其母衣钵，张爱珍又是吴婉芝徒弟，在高平县青年文艺培训班也曾受过郭金顺的教诲和指导，陈素琴也受过吴婉芝的真情传授，郭孝明也是郭金顺的徒弟。如今的上党剧坛更是新秀辈出，梅开五度，竞妍争秀。他们承上启下，继往开来，各领风骚。江山代有才人出，各领风骚数十年。郭金顺后继有人，世代传承，他们正在开创上党梆子一个新的辉煌时代。

吴国华

吴国华（1958— ），女，高平市围城村人，郝同生、吴婉芝之女。第九届中国戏剧梅花奖获得者，国家一级演员，国家级非物质文化遗产上党梆子传承人。山西省剧协副主席、晋城市剧协主席、晋城市上党戏剧研究院副院长，晋城市第一、二、三届人大常委会委员，晋城市政协第四、五届常委。

吴国华从小在高平农村长大，1973 年入晋东南戏剧学校学习，1979 年毕业，同年入晋东南戏剧学校实验剧团。山西省 1980 年戏曲青年演员评比演出时，吴国华在《红灯照》中饰演林黑娘，获一等演员奖。《忆血仇》唱段获山西人民广播电台优秀唱段奖，受到省城专家的好评。1981 年实验剧团并入了上党梆子剧团。1982 年在山西省优秀中青年演员巡回评比演出中吴国华被评为最佳青年演员。1984 年赴长春电影制片厂拍摄上党落子《佘赛花》，扮演佘赛花，受到广大观众的交口称赞。1986 年参加山西省振兴戏曲青年团调演中，她主演了《酒楼洞房》和《借粮》两个折子戏，获主演金牌奖。1988 年山西省文化厅在晋城举办振兴上党梆子调演时，吴国华主演折子戏《杀惜》，又获主演金牌奖。1989 年 12 月晋城市上党梆子青年团分为两个演出团，吴国华任第一演出团团长。1991 年吴国华获第九届中国戏剧梅花奖，受到首都观众以及《人民日报》《中国戏剧》等报刊的热捧。同年 11 月 3 日，吴国华还应邀到中南海演出。

《借粮》剧照，吴国华饰演樊梨花

　　吴国华嗓音好、功底厚，既有其母亲吴婉芝的唱腔，又有其父郝同生的排场，自己还有独创，梆子、落子都能唱，文角、武角全在行。她饰演过很多人物，主要有《红灯照》中的林黑娘、《杜鹃山》中的柯湘、《蝶恋花》中的杨开慧、《杨门女将》中的穆桂英、《三关排宴》中的萧银宗、《秦香莲》中的秦香莲、《初定中原》中的孝庄太后、《赵树理》中的关连中、《千秋长平》中的赵王等。其中，《初定中原》获第六届中国戏剧节优秀表演奖，《赵树理》获全国地方戏剧调演剧目二等奖。2001年，《初定中原》被拍成电视连续剧在中央电视台播出，获第二十二届戏剧电视剧飞天奖。

张爱珍

张爱珍（1959— ），女，高平市河西镇官庄村人。第九届中国戏剧梅花奖获得者，国家级非物质文化遗产上党梆子传承人。中国戏剧家协会会员，晋城市上党戏剧研究院副院长，晋城市政协第二、三届常委，晋城市第四、五、六届人大常委会委员。

张爱珍八岁丧母，十三岁考入高平县青年文艺培训班。因为她有一副甜美的歌喉，又勤学苦练，不久便初露锋芒。1975年到太原汇报演出，在红旗剧场连续演出二十多场，座无虚席，省城为之惊叹。1976年张爱珍入高平县人民剧团。她那甜美的唱腔，深受观众欢迎。她演唱的《藏舟》《皮秀英打虎》《姐妹易嫁》《双凤冤》等，先后由中国唱片社灌制唱片，发行全国。《皮秀英打虎》还由山西人民电视台录像播出。1982年山西省优秀中青年演员巡回评比演出中被评为一级优秀青年演员。1981年张爱珍入新组建的高平县青年梆子剧团，任副团长。1986年山西省振兴山西戏曲青年团调演时，张爱珍被借调到晋城市上党梆子青年团，在《杀妻》中饰王玉莲，获得了主演金牌奖，戏曲理论界专家给予很高评价。1987年张爱珍调入晋城市上党梆子青年团，在长春电影制片厂拍摄的上党梆子艺术片《斩花堂》里扮演宋巧莲，为上党梆子的第二次被搬上银幕做出了努力。1988年山西省文化厅在晋城举办振兴上党梆子调演时，她在《两地家书》中饰演卓文君，她的唱腔又

《杀妻》剧照，张爱珍饰演王玉莲

一次技压群雄，获得主演金牌奖。《山西日报》以《看爱珍戏，四五夜不睡；听爱珍戏，四五瓶不醉》为题做了报道。1989年12月，晋城市上党梆子青年团分成两个演出团，张爱珍任第二演出团团长。1991年6月进京角逐梅花奖，演出《杀妻》和《两地家书》等折子戏，受到好评。《中国戏剧》等报刊杂志发表署名文章，盛赞其演出。她还应邀到中南海演出，原中顾委常委李德生等莅临观看，并合影留念。评选揭晓，张爱珍获第九届中国戏剧梅花奖。1995年其《杀妻》选段《窗前梅树是我友》唱片获中国唱片第三届金唱片奖。

1998年，中国戏剧出版社出版了《张爱珍与爱珍腔》一书。张爱珍的代表剧目有《皮秀英打虎》《姐妹易嫁》《梨花沟》《三关排宴》《杀妻》《斩花堂》《两地家书》《柴夫人》等。2010年7月6日，山西省戏剧家协会、晋城市委宣传部、晋城市文化广电新闻出版局、山西省上党戏剧院在晋城市泽州会堂联合举办上党梆子名家演唱会——张爱珍专场演出，观众掌声澎湃如潮，经久不息，主持人（中央电视台戏剧节目主持人）也惊叹"爱珍腔"过瘾。这年8月27日，张爱珍个人演唱会在太原工人文化宫举行，中央电视台戏曲频道《戏曲采风》栏目做了专题报道。2012年7月19日，由张爱珍领衔的赴台演出团，在台湾新竹市举行了上党梆子名家张爱珍个人专场演唱会，博得满堂喝彩，观众听得如痴如醉，掌声经久不息，演出获得圆满成功，有力地促进了海峡两岸文化的交流。"爱珍腔"推动了上党梆子声腔艺术的发展，对推动上党梆子走出山西、走向全国甚至走向世界将发挥重要作用。

张保平

张保平（1960— ），沁水县龙港镇北关人。上党梆子须生演员，第十六届中国戏剧梅花奖获得者，2000年获文华表演奖，国家一级演员，国家级非物质文化遗产上党梆子传承人。中国戏剧家协会会员、晋城市戏剧工作者协会副主席，2000年至2013年任晋城市上党梆子剧团团长。

张保平1973年考入晋东南戏剧学校。1979年毕业后，和同学们一起组成晋东南戏剧学校实验剧团，1981年并入晋东南地区上党梆子剧团。1986年参加山西省振兴戏曲青年团调演，在《杀妻》中饰吴汉，获主演金牌奖。1987年在长春电影制片厂拍摄的影片《斩花堂》中饰演老家院，获得了好评。1988年山西省文化厅在晋城举办振兴上党梆子调演时，与吴国华合演折子戏《杀惜》，他饰演宋江，又获主演金牌奖。1991年进京参加第九届中国戏剧梅花奖的角逐，在《三关排宴》选场、《杀惜》、《杀庙》、《借粮》中分别饰演杨四郎、宋江、韩琪、薛丁山，获得好评，并应邀到中南海演出，原中顾委副主任薄一波接见了他和吴国华。1998年，他进京参加梅花奖的角逐，与其妻吴国华联袂主演《初定中原》，他饰多尔衮，荣获第十六届中国戏剧梅花奖。次年，该剧参加在沈阳举行的第六届中国戏剧节，获得七项大奖，张保平获优秀表演奖。2000年此剧又获文化部文华奖，张保平获文华表演奖。2001年该剧又

《初定中原》剧照，张保平饰演多尔衮

被拍成电视连续剧在中央电视台播出，获第二十二届戏剧电视剧飞天奖。2006年9月张保平在北京长安大剧院参演大型现代戏《赵树理》，他饰赵树理，吴国华饰赵树理的妻子关连中，受到了中央领导、戏曲专家和首都观众的高度评价。《赵树理》一剧荣获全国地方戏优秀剧目展演二等奖、山西"五个一"工程奖。2007年12月参加山西省文化厅举办的杏花奖评比演出，获杏花大奖。该剧成为晋城市、山西省乃至全国戏剧舞台上不可多得的艺术精品。

郭孝明

郭孝明（1960— ），沁源县沁河镇人。国家一级演员，国家级非物质文化遗产上党梆子传承人。中国戏剧家协会会员，山西省上党戏剧研究院常务副院长，晋城市第一、二届政协委员。

郭孝明出身于戏剧世家，其父郭来恩系沁源县绿茵剧团领导、演员。1973年，十三岁的郭孝明考入晋东南戏剧学校，是郭金顺的关门弟子，还受到温喜云等戏曲前辈的教诲，吸取各派所长，形成独特风格，成为上党梆子著名的须生。1978年在山西省第一届艺术教育汇报演出《三关排宴》时饰杨四郎，一炮打响，轰动全省。

1980年调晋东南地区上党梆子剧团，山西省1980年戏曲青年演员评比演出中获二等演员奖，1982年在山西省优秀中青年演员巡回评比演出中，被评为一级优秀青年演员。1986年山西省振兴戏曲青年团调演时，他在《收书》中饰颜惠民，获主演金牌奖。1987年在长春电影制片厂拍摄《斩花堂》中，饰颜惠民，深受赞扬。1988年山西省文化厅在晋城举办振兴上党梆子调演时，演出《吴起平乱》，郭孝明饰演吴起，获主演金牌奖。1991年6月，与张爱珍率上党梆子第二演出团进京，主演了《收书》《吴起平乱》和《杀妻》，并到中南海演出，获得了首都观众盛赞。《中国戏剧》杂志登载了他的彩色剧照和评介文章。1993年在国家文化部举办的戏曲金三角会演中

《收书》剧照，郭孝明饰演颜惠民

获优秀表演奖。1996年主演现代戏《走出大山》，获山西省"五个一"工程奖。

郭孝明唱、念、做、打都很有功底，他在《收书》中的高腔，雁啸长空，悠扬激荡，确有声震屋宇的气势；低腔则"低如流水，激荡委婉，感人肺腑"。同时他还在剧中使用倒甩走、一捧花、高台僵尸、甩冠自接等绝活，做到了"动于中"和"形于外"的有机统一，使广大观众大饱眼福。

申小红

申小红（1939—　），泽州县南村镇浪井村人，上党梆子表演艺术家申银洞之子。上党梆子须生，山西省戏剧家协会会员。曾任高平县人民剧团团长、青年梆子剧团团长、高平县艺术学校校长。

申小红于1953年随父亲到高平县新光剧团学艺。由于父亲的严厉督导和自己的努力学习，在1955年就粉墨登台，在《储粮》《甘泉宫》《审普大战》中饰演薛丁山、秦始皇、杨八郎获得称赞。到1958年，他已成为剧团主要演员，担纲主演《徐公案》《雁门关》《清河桥》《乾坤带》等剧，成为上党梆子新秀。从1962年起，申小红兼做导演。

申小红十分重视人才培养。他利用郭金顺退休后回高平休养之机，带领主要演员多次登门向郭金顺求教，请郭金顺为剧团排戏，使青年演员受益很大。申小红1984年担任高平县艺术学校校长之后，任劳任怨，团结教职员工，对学生因材施教，重点培养，十多年中，有三个班一百五十名学生毕业，为高平乃至晋城上党梆子事业后继有人做出了突出的贡献。第十九届中国戏剧梅花奖获得者陈素琴，就是学员中的佼佼者。

陈素琴

陈素琴（1972— ），女，高平市段庄村人。上党梆子旦角演员，第十九届中国戏剧梅花奖获得者。中国戏剧家协会会员、山西省戏剧家协会理事，曾任高平市人民剧团团长，现任晋城市上党梆子剧团团长。山西省第八届、九届、十届党代会代表。

陈素琴从小热爱戏剧，1984年考入高平县艺术学校。由于她长相妩媚，嗓音甜美，又专心学习，获得了老师申小红、庞改花等人的精心浇灌，进步很快。1988年分配到高平县人民剧团。1997年参加山西省首届青年艺术新秀大赛，她在清装故事剧《风雨行宫》之《惊疯》一折中扮演主角金桂，荣获演员一等奖。2001年第六届中国映山红民间戏剧节时，她演出的《陈圆圆》一炮走红，在各方面都有新的突破，得到了专家和观众的一致好评，得到了包括演出、编剧、导演、音乐等十二项大奖，本人获得演员一等奖，是她表演史上的重要标志。2002年，陈素琴荣获第十九届中国戏剧梅花奖。此外，她还获得山西省"五个一"工程奖、山西省二度杏奖等多个奖项。2006年，中央电视台播出了由她主演的六集上党梆子电视连续剧《婶娘》，深受广大观众喜爱。上海世博会期间，她带领高平市人民剧团应邀参加首届古戏薪传中国东西南北四个古老剧种同台演出的文艺活动，演出了《杀庙》《杀妻》《惊疯》等戏，轰动上海。由她担纲主演的《西沟女儿》曾进省赴京演

《花木兰》剧照，陈素琴饰演花木兰

出，受到省城和首都戏剧界专家和观众的热捧。

陈素琴不仅戏艺优秀，1997年担任高平市人民剧团副团长、团长后，各项工作也十分出色，深受全团职工和社会各界人士的赞赏。2005年陈素琴被团中央授予全国乡村文化名人荣誉称号，2012年被评为山西省十大文化创新人物。

袁金叶

袁金叶（1958— ），女，高平市瓦窑头村人。上党梆子演员，兼演小生、老旦。山西省戏剧协会会员，曾任高平县人民剧团团长。

袁金叶1970年入高平县青年文艺培训班，初学歌舞，1972年开始学习上党梆子。先演《红灯记》等样板戏，后到太原汇报演出，引起轰动，连演二十场座无虚席。毕业后调入高平县人民剧团，在《大祭桩》中扮演黄桂英，轰动潞州古城，《大祭桩》成了长治市街头巷尾的热议话题。

袁金叶唱腔圆润多情、字正腔圆，表演稳健淳朴、挺拔有力，受郭金顺影响，在群众中影响颇大。1982年山西省优秀中青年演员巡回评比演出时，被评为一级优秀青年演员，山西省文化厅曾录像存档。1988年山西省文化厅在晋城举办振兴上党梆子调演时，她在现代戏《活寡》中饰主角，获得综合治理奖和主演金牌奖，同时还获得山西省文化厅举办的上党梆子青年演员好唱段广播评选杏花奖。

张庆春

张庆春（1959—　），高平市米西村人。上党梆子须生演员。

张庆春先后入高平县青年梆子剧团和高平县人民剧团，为申银洞的再传弟子，受业于申银洞之子申小红。曾在《徐公案》《摘星楼》等戏中饰主角，在《皮秀英打虎》中饰皮虎，获晋东南地区优秀青年演员二等奖。

张庆春演出有两个特点：一是"不走戏"，不论扮演大小角色，都是认认真真做戏。二是曾受郭金顺亲自指教，唱腔有郭金顺的味道，确有当年"小红生"的做派。如他在《徐公案》中饰海瑞时，其"渔翁翟彪住汉阳"和"女子上堂破口骂"两段唱腔唱得就极像郭金顺。据张庆春自己讲，为了学这两段唱腔，他除专门拜访郭金顺接受指教外，还专门买下郭金顺的唱片，十遍二十遍地听唱，并且跟着学唱，请别人鉴别，看哪些地方不一样，直到自己满意和鉴别的同志认可。但因自己的条件总也不能和郭金顺一模一样，像唱"为官该活民该杀"一句，郭金顺可以达到高音5音，而他只能达到高音3音，只好相应地降下来，同样取得了良好效果。比如在现代戏《梨花沟》中，他扮演农家老汉李春阳，在叙述儿子小林赌气出走以后的情景时唱的四六，情绪低沉哀怨，就学习和吸收了郭金顺在《两狼山》中扮演杨继业的老生唱腔，非常得体，人称"赛金顺"。

杜建萍

杜建萍（1976— ），女，高平市神农镇中村村人。国家二级演员，第二十七届中国戏剧梅花奖获得者。山西省戏剧家协会会员、晋城市戏剧家协会常务理事，现任高平市上党梆子剧团业务团长。

杜建萍出生在戏曲之乡，从小喜爱戏剧，十三岁进入高平县艺术学校，十七岁入剧团演出，后又毕业于山西省艺术职业学院，师承上党梆子表演艺术家张爱珍。从艺二十多年来，受到了张爱珍、吴宝明、郭孝明等人的精心的指导，演艺精湛，炉火纯青，嗓音甜美，扮相端庄大气，有爆发力，刻画人物传神真切，被观众称赞为上党梆子"爱珍腔"的忠实传人。许多专家评论说她的唱腔纯正、纯净、纯情，嗓音悠扬、婉转、悦耳、动情，发挥了张爱珍流派的唱腔特色。

杜建萍从艺二十多年来，在戏剧舞台上塑造了许多丰富生动、性格迥异的人物形象，如传统戏《杀妻》中的王玉莲、《秦香莲》中的秦香莲、《三娘教子》中的王春娥、《柴夫人》中的柴夫人、《大登殿》中的王宝钏，新编历史清装戏《六尺巷》中的徐娘，新编历史剧《金钗宴》中的顾阿秀，新编古装戏《长平绣娘》中的绣娘等。曾荣获2003年山西省第九届杏花奖评比演出杏花表演奖，2004年获中国戏曲表演红梅大赛红梅金奖，2012年获第十三届二度杏花奖。

杜建萍荣获第二十七届中国戏剧梅花奖

附录

附　录

纪念诗词

满庭芳·忆上党戏剧大师郭金顺兼话戏剧传承

柏扶疏

始步龙灯，两狼歇脚，朝阳胜利平生。艺高何境？朴里蕴芳馨。任是将相帝座，演尽了、风韵威灵。随清海，新宗再立，宫调又魁星。　　传承！当此际，郭公资鉴，方正葩经。要人物声情，中慢腔行。不见庄王、薛伯，出清水、卓卓亭亭。卅年过，街头巷尾，犹有四郎鸣。

2015年端阳节

（作者系原晋东南地区文化局局长、原晋城市委宣传部副部长）

水调歌头·上党梆子表演艺术家郭金顺诞辰一百周年之咏叹

段永贤

激荡黄河水，流韵太行山。五十八年献艺，美誉在民间。角色形神具备，场次无关众寡，大戏大如天。上党郭金顺，千里口碑传。　　赵匡胤、高怀德、雁门关。叫板堪称一绝，人物似生还。薪火承先启后，弟子人才辈出，屈指数新篇。点击东门会，今昔悟渊源。

（作者系著名诗人、辞赋家，中国作家协会会员）

郭金顺（应昌）师逝世十周年

栗守田

梨园巨擘出高平，十四髫龄著令名。
二十省垣夸后秀，四旬京兆赞耆英。
吉林摄影登银幕，福建劳军播远声。
德劭艺高人敬仰，泽水行山有定评。

太行佳话久传扬，新蕾老葩共吐芳。
清海配装高氏将，应昌主演宋朝皇。
师尊意切浇桃李，徒弟心诚入殿堂。
前辈提携后继者，风流韵事万年扬。

从艺五旬苦备尝，成群人物画回廊。
八郎争辩银安殿，海瑞申冤汉阳堂。
因打金枝封爱婿，为平敌国探亲娘。
喜留一出三关宴，能见我公昔日装。

我公辞世已十春，上党梨园历苦辛。

观众多为年迈客，演员少有世间珍。

故人已去肩无担，存者应知责在身。

但愿革新创奇迹，太行古剧焕然新。

1992年

（作者系原山西上党戏剧院编剧）

纪念上党戏魂郭金顺百年诞辰

张保福

舞榭歌台成旧梦，梨园翘楚千载名。

钧天始奏喉咽祠，奋地初名小红生。

玉振金声丹沁咽，穿石裂云太行惊。

戏魂一代时空跨，天籁遗音唱大风。

独领风骚冠四州，剧坛泰斗恁风流。

仙音逸响人间赞，泻玉弹冰月魄羞。

德劭品良传万代，高风亮节仰千秋。

奇葩孕育如春笋，五朵梅花绽泽州。

2015年6月

忆郭金顺先生来陵演出

王魁陵

古陵清戏小红生，求票人潮急陡增。

玉鼓敲山传碧野，金锣击水漫高城。

撕绸悦耳腔圆绝，扯缎沁心音广精。

一代须生形象美，梨园一座太行峰。

（作者系诗人、中华诗词学会会员）

戏剧名家郭金顺

——纪念上党梆子表演艺术家郭金顺百年诞辰

许永忠

一代名家上党情，梨园争颂小红生。

红生大名郭金顺，根系古泫旧长平。

少年随父学戏艺，继往开来有传承。

十四扮演宋太祖，喉咽祠里挂龙灯。

从此一举成名气，泽州五县蜚有声。

再师泰斗赵清海，更上层楼益求精。

三载功夫挑大班，十年磨砺苦耘耕。

万亿班里承梁柱，一分团长练雄兵。

赴京汇演出太行，福建慰劳又南征。

文代会上开眼界，长春影厂会群英。

三关排宴饰四郎，九州上演皆好评。

二次京华展才艺，国务礼堂丹凤鸣。

总理朱总亲观看，合影留念笑盈盈。

十载浩劫经风雨，半百艺涯尽精诚。

太行山上青松翠，上党脊上建高翎。

天生气质千般秀，转益多师一点明。

声播京华九重殿，德馨上党二府营。

艺品人品皆精湛，字正腔圆悦耳听。

锐意改革致创新，领班带徒大丰赢。

魂系梆腔上党调，人去百年留美名。

后继来人传承久，梅花杏花花满城。

2015 年 3 月 21 日

（作者系高平市政协副主席）

敬赋郭金顺诞辰一百周年

尚泽光

一代名优艺苑垂，梨园半世吐星辉。

台承上党余风骨，工举梆腔郭派麾。

端带抖髯吟将相，拔辙辨韵哺英魁。

非遗传诰追门典，更有先师大口碑。

2015 年 3 月 20 日

怀一代名伶郭金顺

袁世恒

上党蜚声赞老伶，髫年粉墨曾倾城。

行腔高亢乾坤带，做派超群挂龙灯。

激越皮黄能入戏，悠扬昆曲善抒情。

三关排宴成名唱，八闽劳军获盛评。

2015 年 3 月 18 日

（作者系原高平市政策研究室主任）

怀郭金顺名伶

焦　斌

上党名伶引共鸣，瀛台信步唱春风。

乡居庙会犹不忘，三日绕梁四座惊。

2015 年 3 月 23 日

七律·忆上党梆子大师郭金顺演技有感

李改成

大师身技见或闻，五法四功皆有神。

台步腰身稳似柳，撩髯运手动若纷。

翅翎巧弄柔如水，袖扇飘零状丽云。

字正腔圆声入耳，音容艺技烙人心。

2015年3月14日

（作者系原高平报社副总编、主任编辑）

纪念上党梆子表演艺术家郭金顺诞辰一百周年

李元禄

梨园上党独枝秀，引领须生争上游。

年少练功经酷暑，舞台念打亮歌喉。

声穿剧场云中月，情扫观众眼底愁。

一代宗师谢幕后，仍留艺德炳千秋。

2015年3月18日

纪念上党名伶郭金顺先生诞辰一百周年

李胡旦

上党梨园盛世荣，光前裕后小红生。

童年学艺师清海，十四成名挂龙灯。

海瑞行腔云雨遏，延辉扮相银屏惊。

戏迷酷爱梆腔戏，票友独钟金顺声。

鹧鸪天·怀郭金顺先生

李胡旦

渔女下堂绝唱音，当年声色醉如今。腔圆字正上党戏，激越高亢表演真。　　梅花奖，杏花杯。风骚独领有来人。泽城梆戏今振兴，告慰英灵可放心。

2015年4月12日

牛嘉泽画

《逼上梁山》中郭金顺饰演张教头

上党戏魂

郭金顺

《三关排宴》

朱喜庆剪纸作品

锤　炼

——记上党梆子表演艺术家郭金顺

韩钟昆

我到晋东南专区上党梆子剧团看排演《三关排宴》的时候，台上传来了一缕低沉、悲戚、悔恨的声音："为伯父罪过难容忍，难——容——忍。"后面这三个字又重复了一遍，好像是在默默地斟酌，看它是不是够味。接着又唱："忠孝尽在儿一人。"唱到"忠孝"二字的时候，嗓音戛然而止。"哎，不能这样唱！"演员皱眉凝神，揣摩品味，为角色当时的心理状态而苦苦思索着。当演员再唱"忠孝"二字的时候，嗓音高了，咬字果断了，而且由大板改用了介板，里面又加了点二黄味道。这一句唱词，生离死别中，又带着斩钉截铁为国尽节的决心；悔恨绝望中，又带着深沉的嘱托和希望，表示一个叛徒临终前的觉醒。仅仅这"忠孝"二字高低音调的变换，就把角色心理活动细致入微地传达出来了。

饰演《三关排宴》中杨四郎的郭金顺同志，就是这样不断地锤炼着自己的舞台艺术。

郭金顺同志今年四十四岁了，十岁随父学艺。父亲郭生生，工旦角。从小耳濡目染，使金顺自幼就显露出不凡的艺术才华。十四

岁正式登台演出，和上党梆子老前辈赵清海在高平城内喉咽祠同台演出《挂龙灯》，金顺演的是赵匡胤。在这场戏中，金顺宽阔魁伟的面庞，炯炯有神的眼睛，俊秀适量的身体，清脆的嗓音，使观众非常惊奇，从此，"小红生"的称呼，就在州五县传开了。经过同行艺人热情的推荐，金顺成了群孩的得意门外徒弟（半路收徒叫门外徒弟）。

晋东南专区上党梆子剧团的同志们和我打趣地说："金顺唱戏'滑头'。""滑头"这两个字，听了有点背耳，实际全是褒义，它幽默而形象地说明了金顺的戏路之宽。上党梆子流派很多，有所谓上路腔（潞安、壶关一带）、中路腔（高平、长子一带）和下路腔（晋城、阳城一带）。在表演上，也风格各异。金顺同志不仅能适应不同地区的不同口味（所谓"滑头"），而且善于从中汲取精华，而舍弃他们的缺点。上路戏的演员落座时，屁股歪斜；下路戏的演员走步时，身子东倒西歪，身段不美，金顺舍弃了这些缺点，而提炼出了一副端庄、干净、魁伟的扮相。

在做工戏上，金顺吸收了兄弟剧种中的走步，丁果仙饰唐王的身段步法，阎逢春的某些动作。

对古老的上党戏，金顺同志做了许多大胆的革新，力求使它更能表达角色复杂的心理状态，并美化舞台形象。但是，不论怎样革新，金顺同志始终以保持上党戏的优良传统和独特风格为界。他谨慎地吸收和上党戏相接近的表演格式以及和宫调格调一致的唱腔，吸收以后，仍然是上党的东西。

一个演员，有了优美的唱腔、身段，熟练的程式化动作，这还不够。优秀的艺术家，总是不倦地探索人物的心灵，向生活深入寻找逻辑根据，力求使自己扮演的角色富有生命，以神活形，以形传神，形神兼备。人们说，金顺的戏，演得很活、很像，幽默、风趣，富有常有的生活气息，看着看着，就把你带进真实的生活世界里来了。不会演戏的人是做戏，会演戏的人，总是把艺术和生活熔于一炉，是真实的生活，但又是经过典型化了的生活；看来像生活本身那样真情流露，舒展自如，但又不是随便一个演员可以做得来的。

金顺做戏还有一个特点：善于扮演舞台上的英雄人物。上党戏有许多宣扬赤胆忠心、为国尽节、大义灭亲的剧本，金顺就给我们活现出了如杨继业、高怀德、海瑞、陈文子等一系列的英雄形象。这些人物，都有一副火爆炽烈的性格，都有一股子英雄豪气。或者慷慨激昂，满怀悲愤；或者披肝沥胆，一副侠骨。

作为晋东南专区上党梆子剧团的团长，郭金顺同志不仅在艺术上时时锤炼着自己，而且在政治修养上、思想意识上也时刻在千锤百炼。他身患严重的关节炎，跪下站不起来，唱一夜戏浑身难受，但从不撒懒，不讲价钱，不计较角色大小。和好把式搭班，他从不排斥；和次把式一起演戏，也从不嫌弃；音乐打错了，也没发过脾气。青年演员对公物不爱惜，随便摔打时，他总要严厉地碰他们几句，但在艺术上，却苦苦教导，殷勤栽培。在上党，金顺已经很有点名气了，但他从不满足，能虚心地向比自己强的人学习。平时，不论排哪出戏，他总是一个唱腔、一个身段、一个动作，一而再，再而三地推敲。

问到金顺为什么这么努力时，他常感慨地说："咱是从旧社会过来的，什么苦头都吃过。1942年，晋东南遭大旱，艺人死的死、逃

的逃，要不是到根据地演出，受到抗日政府照顾，性命不知早丢哪里去了。在旧社会里，艺人是属下九流的，地位卑贱，被人瞧不起来，一天连唱三四台戏，累死累活没人管。思想苦闷了，就吸金丹、大烟，每天鬼混，哪还顾得上提高艺术，要不是共产党挽救，上党戏艺术早就摧残殆尽了。"

　　因为常去看戏，关系闹熟了，金顺告诉了我一个他个人的秘密。他说："看到梅兰芳、李少春、丁果仙入党，谁心里能不急？我已经写了入党申请书了，正等着党支部和我个别谈话呢!"

　　　　　　　　　　　　　（本文写于 1959 年 7 月 11 日。

　　　　　　　作者系人民日报社资深记者、评论家）

锲而不舍 金石可镂

——记上党梆子表演艺术家郭金顺

苟有富

上党梆子表演艺术家郭金顺先生，在他五十多年的舞台生涯里，用他清脆洪亮、浑厚委婉的唱腔，朴实大方、细腻入微的表演，塑造了许多有血有肉、栩栩如生的人物形象。戏曲的生命在于创新。郭金顺先生常说："作为一个戏曲演员，切不可固守陈旧的表演手法，戏曲艺术一旦僵化和静止，也就没有了生命。"他在长期的舞台实践中，始终走既坚持传承，又不断探索改革创新的道路。他的唱腔、表演不仅具有州底派的特点，而且吸收了潞府派的精华，集昆、梆、罗、卷、黄五种声腔于一身，逐渐形成了他独树一帜的艺术风格，成为上党地区独一无二的须生演员。

郭金顺，又名郭应昌。由于家境贫寒，从小投身艺海，跟随其父郭生生学戏。"家有半斗糠，莫让儿女住戏房。"在旧社会，唱戏是下九流的行当，郭金顺的父亲出于自己的痛苦经历，本不想叫儿子学戏，怕他吃苦，所以从十岁到十四岁，除了学些对枪、刀、锤、三把、转圈、推磨等上党梆子的基本功而外，几乎没有学什么戏。因他自己刻苦练功学习，在基本功上打下了坚实的基础，偶尔

唱个把角色，别人看了都说："这孩子嗓音、扮相都不错，可惜没有个好师傅。"后来，通过三甲村姬三明的介绍，拜赵清海为师。

郭金顺自从拜赵清海为师之后，进步很快，师父要求极严，自己学得也非常认真。师父说他高平话字音太重，土腔土调，把"去"念成"起"，"郎"念成"朗"，"人"念成"仁"，唱出戏来，外县人听不懂怎么能行呢？要做到字正腔圆，首先必须咬字清晰。为了练习口白，纠正字音，他又专门向赵清海学了《柳春院》里的苗洪、《平阳宫》里的雷生。因为这两个角色道白较多，他起早贪黑地练，有时说得口干舌燥，仍不肯休息，直至练得一字一句师父听了满意为止。郭金顺有一副宽厚洪亮的好嗓子、排场大方的好架码，虽然场场能赢得观众的喝彩声，但演戏总是比较毛糙，不稳当。这时赵清海向他提出了更高的要求："光凭嗓子好、丹田气足瞎叫喊，年轻有劲胡比画不行啊，演戏必须要演人物。"遵循师父的谆谆教导，郭金顺演戏更加严肃认真。

名师出高徒，功夫不负有心人。郭金顺在赵清海的严格教导下，不管寒冬腊月、三伏酷暑，从不间断基本功的锻炼。他虚心学习，善于琢磨剧中人物的思想感情，在上党艺坛上不断奋进。1934年和1935年，郭金顺曾两次随师父赴太原演出，获得了省城观众的极高评价，师父被称赞为"涵盖一切"，他也博得了上党梆子"后起之秀"的称赞。

郭金顺的唱腔、表演艺术风格究竟有哪些特点呢？

上党梆子由昆、梆、罗、卷、黄五种声腔组成，平时虽以唱梆子为主，但作为一个好演员，必须是梆子戏、昆曲、皮黄、罗戏、卷戏也要非常谙熟。他演出的剧目计有梆子戏《东门会》《赏花楼》

《乾坤带》《徐公案》《雁门关》《三关排宴》《两狼山》等，皮黄戏《挂龙灯》《清河桥》《苦肉计》《白玉带》《取巴州》《四郎探母》《一捧血》《打金枝》等，昆曲《长生殿》《打代州》等，罗戏《打面缸》《顶灯》，以及卷戏《小秃取鼓》《卖荷包》等共计五十余出。郭金顺除了谙熟昆、梆、罗、卷、黄五种声腔的繁复唱腔技巧之外，对潞府派高亢激越的唱腔以及州底派细腻委婉、旋律性很强的唱法亦兼收并蓄，形成了自己独特的洪亮清脆、刚柔并蓄、潇洒自如、浑厚委婉、耐人寻味，富有浓厚地方色彩的唱腔艺术风格。

上党梆子的板腔和全国许多梆子戏一样，是以上下句体乐段为其基本结构的，一般演员唱起来显得单调呆板，也就是上党人常说的"一道腔"。而郭金顺由于勇于突破旧框框的束缚，善于吸收同辈艺人所取得的优秀成果，使他的唱腔技巧变化多端。他常说："演戏要从人物出发，唱腔要准确地表达彼时彼地人物的思想感情。"如他在梆子戏《乾坤带》里杨延光的一段唱：

听说拿来杨宗保，
心中好似滚油浇。
恐怕把儿命伤了，
生不出救儿计一条。
……

过去别人唱这段戏，都是皱眉低头用款大板唱，而郭金顺却一反其他人的唱法，改用高亢激昂、紧似奔腾流水的大板囫囵句，去掉了句子中间的一些打击乐。在表演上则抬头，双目圆睁直视前

方，双手撩袍，充分展示了杨延光此时此刻惊恐和救儿心切的急迫心情。

我们平时称赞某某演员唱得好，往往用声情并茂来形容他。郭金顺认为："声和情，情更为重要。声情并茂，必须以情代声，用感情去打动观众。"由于郭金顺博采众长，勇于创新，处处从人物的思想感情出发，同样一个大板，在不同的戏、不同的人物、不同的环境中都有着不同的唱法。在《两狼山》里他扮演杨继业，其中"七郎儿与我抬刀拉战马"一段唱，他在老生腔里糅进一些花脸的腔调，准确地表现了杨继业这一人物苍老而又不失精神抖擞、勇于披挂上阵的精神状态。在这出戏的后半部分，杨继业被困两狼山，在"夜沉沉冷森森初更时分，抬头看又只见月照松林"这句戏里，为了表现杨继业被困的处境和盼望早日搬得救兵，扫灭狼烟得胜回朝的希望心情，郭金顺又把散板低下八度和女腔的高八度借用过来用低八度唱，融汇到了老生的四六板腔里，他的这种高低音和强弱音的错综运用，不仅准确、深刻地揭示了人物内在的情绪，而且使他的唱腔更加变化多端。

郭金顺在《两狼山》里把杨继业的唱腔处理得是那样低回婉转，深沉苍劲，而在《东门会》里，由于陈文子是一个疾恶如仇、幽默风趣的人物，如在"东华门上文官走，西华门外武将行。文官提笔安天下，武将执刀定太平"一段唱里，同样用的是四六板腔，他又把它唱得是那样典雅、舒展，很适合陈文子这个士大夫的人物身份。板式一样，不同的人物，不同的思想性格，郭金顺在处理唱腔时是非常严格、非常讲究的。如在《徐公案》里，为了塑造好海瑞这个为民请命、为渔女申冤的人物形象，他的唱腔又是那样洪亮而铿锵有力。

　　郭金顺嗓音洪亮，本身条件好。但是他在总结自己的舞台经验时说："演戏不能光凭自己的自然条件，卖弄自己的嗓子，在演唱时要根据剧中人物的需要，有高有低，有强有弱，有虚有实，刚柔相济，这样才能好听动人。"他在《雁门关》里扮演的杨八郎，在《三关排宴》里扮演的杨四郎，对他们的唱腔处理就非常黯淡。如《乾坤带》里，杨八郎有这样一段脍炙人口的唱段：

　　　　一颗明珠土内藏，
　　　　千年未曾放毫光。
　　　　我本是南朝一员将，
　　　　大破幽州落番邦。
　　　　撩袍端带上银安，
　　　　三呼三拜朝国王。

　　上党过去一些艺人，在唱这板戏时，都比较高昂，但郭金顺认为，杨八郎流落番邦整整二十八载，在这里隐姓埋名，内心是非常苦闷的。所以他在唱这几句时，就非常低回、消沉，黯淡而毫无光彩。特别是最后一句，按上党梆子的传统唱法是应该翻高甩腔的，而且能够得个满堂彩。但郭金顺为了准确地刻画人物的思想性格，在唱"三呼三拜朝国王"最后三个字时，还没有等翻高顶上去就落下来结束了。

　　在上党梆子腔方面，郭金顺处处从人物的感情出发，在演唱昆曲、皮黄、罗戏、卷戏时，他同样遵循了这一原则。如他在上党皮

黄《打金枝》里饰演唐王，里面有一段西皮原板，"安禄山在范阳起了反意，他要夺孤帝基锦绣华夷，多亏了老皇兄郭子仪，平灭了安禄山转回朝里。……"通过他的唱腔，既惟妙惟肖地表现出了唐代宗太平天子的那种风度，又入木三分地唱出了唐王此时此刻消闲无事，潇洒自如的内心情绪。

郭金顺在上党戏昆、梆、罗、卷、黄五种声腔的唱法上，非常讲究字正腔圆，以腔就字，随字发腔，把字和腔很自然地结合在了一起。他说："要做到以声传情，以情动人，声情并茂，首先要做到字正腔圆，以词运腔。在安排唱腔时，处处要注意人物的情绪，讲究音韵的抑扬顿挫，在用气、换气、息气等技巧方面勤学苦练，唯其这样，才能使自己的唱腔洪亮清晰，委婉流畅，跌宕起伏，曲径通幽，得到广大观众的好评。"郭金顺在他长期的舞台实践中，呕心沥血，一腔一字，反复推敲，才真正使他的唱腔艺术达到了字正、腔圆、板清、情真"四绝"的境界。

关于上党梆子的道白，过去也是十分混乱的，一个县一种腔调或一个县几种腔调，归根结底，就是土音土字太多。即使是脱离了本剧种的原有基础，死搬硬套外剧种的道白（这种现象在上党戏的舞台上，至今仍然存在），其结果是四不像。为了克服这些毛病，郭金顺认真学习了汉语拼音，掌握和运用上党戏中的十三辙、四呼、四声、清浊、尖团和归韵收音等科学的咬字吐字方法，使他的念白字音清晰，声调优美，成为独具一格的上党风格的韵白。他曾深有体会地讲道："有人曾说，全世界的方言，都是偏于下部共鸣机构的声音，所以我们的舞台韵白，应该用唱戏的方法扩大共鸣作用，尤其是上部共鸣，这样来加强音韵，才能使我们念出的道白字正韵圆，好听好懂。"

上党戏的表演艺术，一般来讲是粗犷有余而细腻不足。郭金顺的表演艺术则与众不同，他的做工不仅具有粗犷豪放的特点，而且兼备细致入微、真切动人、朴实自然的长处。他常说："照搬别人的，依葫芦画瓢，没多大意思，无论是唱腔或是表演，我总想给自己找出一条路。"这条路就是要运用简练、鲜明、准确、合理的形体动作，有时甚至只用一个姿势、一个神态抑或一个眼神，把人物的性格和思想感情表现出来。他在上党皮黄《挂龙灯》里饰演的高怀德，在登城时架起双臂，提起靠腿，蹬开碎步，一步一摆靠旗，就这么几个简单的动作，把高怀德威武豪壮、风流倜傥的人物气质，活脱脱地展现在观众面前。更叫人称赞的是郭金顺在《三关排宴》里扮演的杨延辉。杨延辉被辽俘获后，改名木易，被招为驸马。宋辽年年征战，后辽军兵败，进表求和，萧银宗要他随驾赴宴。此时，他不得不向桃花公主说明真情，"木易并非我的真名姓，我本是杨继业老将第四男"。在三关《排宴》一场，杨延辉在前半场戏里一句台词没有，他是既想见到亲人又怕见亲人，内心矛盾复杂。郭金顺在刻画这一人物时，只用了惶恐低头、蹑手蹑脚上场偷听，时而跪向萧银宗，又时而跪向佘太君等一些简练的动作，却把杨延辉这个人物演得活灵活现。寒声同志在《喜看好戏上银幕——推荐戏曲艺术片〈三关排宴〉》一文中曾高度评价说："人们都说上党戏风格中的鲜明特点是粗犷，但郭金顺饰演的杨四郎，却演得细致入微，真切动人，特别是对于四郎那种极端矛盾复杂的内心感情，以及那副尴尬狼狈的神态，表现得较为深刻，可谓粗中有细了。"

郭金顺不仅在传统戏中塑造了许多成功的人物形象，而且在利

用戏曲形式演出现代戏上，也有很高的造诣。从1946年以来，他先后演过《白毛女》《赤叶河》《王贵与李香香》《万象楼》《三里湾》《十里店》等现代戏，他扮演的黄世仁、王大富、崔二爷、范登高等人物形象，至今还在观众中留有深刻的印象。

由于郭金顺同志在五十余年的舞台生涯中，对上党戏做出了许多有益的贡献，所以曾被选为山西省政协委员、山西省文联委员、山西省剧协理事、长治市第六届人民代表大会代表。

附记：本文写于20世纪70年代末，笔者曾专程到高平城东郭金顺先生家，与之有过近三天的促膝交谈。现稍作整理，作为郭金顺先生百年诞辰之纪念。

（本文写于20世纪70年代末，修改于2015年6月。

作者系山西省上党戏剧院编剧）

太行留痕忆良师

马正瑞

在人生的旅途中，我曾接触过许许多多的人，他们中的大多数都成为匆匆过客，消失在记忆之海，而有些人却给我留下了深刻的印象，终生都不会忘记。郭金顺师父就是这样一个人，每当我想起他，就充满敬意与思念。

作为上党梆子的杰出人物，郭金顺师父的离去，让上党梆子乃至中国戏曲艺术界失去了一位极负盛誉的戏剧大家。作为郭金顺师父的入室弟子，师父的指引、关爱、提携、扶助，至今仍使我每每想起都心潮涌动。感念恩师不计名利，甘当伯乐，感念恩师谆谆教诲，助我成才。

长春拜师

上党梆子作为山西一个古老的剧种，其剧种传承的关键势必就是角儿。正所谓名师出高徒，有着戏王称号的赵清海，作为上党梆子传统唱腔各流派中最负盛名的演员，其门下的郭金顺自然亦是上党梆子最具代表性的人物，名震晋东南。的确，郭金顺师父作为当

时上党梆子的第一把交椅，20世纪40年代，以扮演《三关排宴》中的杨四郎、《雁门关》中的杨八郎、《徐公案》中的海瑞、《挂龙灯》中的高怀德而著称。郭金顺师父的独到演技和唱功，常使人赞不绝口。而我与郭金顺师父的师徒情缘还源于另一位大师：赵树理。

1960年，赵树理在长春拍摄电影，机缘巧合，在赵树理的引荐下，在长治地委书记处书记郭树森、长春电影制片厂亚马厂长的见证下，我在长春正式拜郭金顺为师，主攻须生、老生。郭金顺师父言传身教，不遗余力。我在《打金枝》中扮演的唐代宗一炮而红，就是得益于郭金顺师父的真传。在师徒相处的过程中，我们亦是始终相互尊重，亦师亦友。

舐犊之爱

"对我就像对待亲生儿子一样，给我教戏毫不保留。"每当被问及与恩师郭金顺的感情时，我总是会这样形容。

正所谓"一日为师，终身为父"。一次在高平马村演出，由于师父一时忙不开，我便帮忙去米山镇接来师娘。当时我骑着自行车带着师娘，路遇一段急拐弯，不慎摔倒。师娘也连带受伤，弄了一身土。当时的我内心害怕极了，一面担心师娘受了伤，一面担心师父的责怪。没想到，师父了解情况后非但没有责怪我，反而安慰我。从唱戏到生活，从做事到做人，师父就是我心中的那座大山，"高山仰止，景行行止"。

师父的做人对我影响最深，我们常年在乡下演出，他和老百姓的感情很深厚，虽为一代名角，却从不在老百姓面前摆架子。师父的言传身教使得我至今仍喜欢和戏迷观众聊天谈心，多多听取他们的意见。记得还在晋城县青年演员训练班上学期间，我们到阳城的乡下演出《杨金花夺印》，我在剧中演皇帝。演出结束后戏迷老乡把我叫到他家吃饭，还给我说戏，甚至详细到了每一个具体动作，有很多我想不到的观众都想到了。这件事我至今难以忘怀，也让我从此明白了一个道理：艺术来自人民。

师恩难忘

当我在戏剧事业的舞台上刚刚崭露头角的时候，一个人生的重创也随之来袭。由于长时间的疲劳演出，在我青年末期，便倒仓了。这对我的打击是致命的！失去了嗓子的戏剧演员，就像失去了双手的手工艺人，没有选择，前途一片黯淡！但此时师父的不离不弃和耐心开导，让我重新站了起来，让我重新点燃了对艺术的热情。经过反复的摸索和尝试，在师父不遗余力的谆谆教诲下，我终于突破了难关，开辟了老生唱腔的新途径。现在回想起来，若无师父在我倒仓期间的鼓励，恐怕我早已转行，人生的道路不知要通向何方。

教诲如春风，师恩深似海。过去，徒弟要侍候师父的衣食住行，背铺盖、打扫卫生等，但郭金顺师父从来都是亲力亲为。实践出真知，的确，在师父的言传身教中，我的唱腔、手、眼、身、法、步各种技艺都有了显著提升。不仅如此，郭金顺师父一生勤俭朴素，特别注意对公共财产的保护。他一再地叮嘱我们："穿着戏服要小心保护，不可随意乱坐。"他平易近人，技艺水平高，却没有一

点儿师父的架子，与徒弟们相处其乐融融。他对徒弟们很有信心，不止一次地鼓励我，始终相信我一定能继承他的衣钵，将上党梆子不断发扬光大。

在共同的工作和生活中，郭金顺师父用他的一言一行影响着我，也感染着我。他既是我的良师，也是我的挚友。我为能结交到郭金顺师父这样的良师益友而快慰，同时也为他的离去而深感遗憾。

郭金顺师父从不以业界泰斗自居，为人谦和，对他人周到细致。如今，良师已逝，天国遥遥，我们的心却是相通的。值此恩师百年诞辰，我在这里写下此篇追忆，是为纪念。

（本文写于2015年7月。

作者系原晋城市上党梆子青年演出团党支部

书记、团长，晋城市文化艺术学校校长）

一代艺魁郭金顺

宋培德

杰出的上党梆子表演艺术家郭金顺同志，1982年12月逝世，至今已三十多个春秋。但他那魁梧的身躯、英俊的脸膛、炯炯有神的目光和音容笑貌，仍不时浮现在太行山人民的眼前。他那高亢、圆润、浑厚、纯净、清脆、优雅的上党梆子唱腔，时刻回响在人们的耳际。他那精湛的戏剧表演艺术和德高品正的为人，被人们经常谈论着、传颂着，个个点头称道，赞不绝口。他虽死犹生，学艺永存，雅音长鸣。

艺精技新

郭金顺的艺术魅力在于他既能继承传统，秉承师训，形成自己的独特风格，又能锐意创新，给传统艺术以新的生命力，把上党梆子表演艺术推向了一个新的高峰。

郭金顺幼年没上过学，过去学戏，全靠师父口传身授。他凭着聪颖的天资和坚韧的苦学苦练，把师父教的剧词、唱腔以及舞台技艺，统统烂熟于心。他对上党梆子昆、梆、罗、卷、黄等各种声腔

都很精通。在唱、念、做、打等方面，奠定了深厚的表演艺术功底。

　　郭金顺在上党戏剧界，虽然名声赫赫，但他对自己所取得的一切成就，从未满足。他始终如一坚持苦学苦练，深钻细研，对表演艺术精益求精，不断开拓创新，努力攀登新的艺术高峰。晚年时，他病休在家，每天仍忙碌不止，不是查字典正音，就是摆八字练步，自悟剧中人物的性格、心理状态，竭力使自己的表演艺术达到炉火纯青的地步。

　　郭金顺从事舞台生涯五十多年，演出过《东门会》《乾坤带》《徐公案》《雁门关》《三关排宴》《两狼山》和现代戏《白毛女》《赤叶河》《快马加鞭》等数百个剧目，成功地塑造了杨继业、赵匡胤、高怀德、杨延辉、海瑞、唐太宗、黄世仁、陈焕彩等艺术形象。他大胆改革，开拓创新，为上党戏剧的发展做出了卓越的贡献。

德高品正

　　郭金顺虽身兼数职，但从不居功自傲；表演艺术精湛、高超，但从不以艺欺人；年纪高迈，舞台经验丰富，但从不倚老卖老，故弄玄虚。对青年演员爱护备至，对亲朋好友坦诚相待，对父母师长热诚恭敬。他胸怀坦荡，不谋私利，落落大方，气度不凡；他德艺双馨，和蔼可亲。

　　有个青年学徒，想拜他为师。他说："我不如某某。"有意推荐给和他同辈的著名演员。在演出实践中他把唱、念、做、打的表演艺术，毫无保留地传授给青年演员。郭金顺在演戏中不管主角、配角，都认真做戏，精研技艺，使每次演出天衣无缝，博得观众喝彩。

朝阳剧团曾云集了许多名角、高手，如廉明昌、徐贵生、马高升、薛小水、董木生、吴来成等。他们在王连生团长、郭金顺副团长的领导下，取长补短，团结合作，演艺不断提高，一直被观众所敬仰。

"文化大革命"时，郭金顺成了"三名三高"的批判对象。造反派不让他参加舞台演出，叫他看门房。看门房同样认真负责，他把外来人员及打电话的情况都要一一记在本子上，定时向领导汇报。

郭金顺患有严重的节炎，行走困难，需家人搀扶。每年春节期间，故乡人民总想看看他的演出。此时的他，便会忘掉疾病，忍着疼痛，有邀必演，总要满足群众的要求。

戏艺常青

郭金顺精湛的表演艺术和独具风格的上党梆子唱腔，培养了一代人，鼓舞着一代人，影响着一代人，艺术魅力永存。

郭金顺的亲传弟子近百人，著名弟子张仁义成为国家一级导演，吴婉芝为上党梆子表演艺术家，马正瑞、郭孝明都是国家一级演员。上党梆子的戏迷，特别是模仿郭金顺唱腔的戏迷更是成千上万，遍及晋东南各个角落。他的故乡——高平市中老年人中，多以能唱一段郭金顺的上党梆子为荣。无论农民、车夫，在紧张繁忙的劳作中，只要能唱上两句"一颗明珠土内藏，千年未曾放毫光……"便解除了全身疲劳。

20世纪60年代初期，源于上党梆子的山东省菏泽专区枣梆剧团、河北省永年县西调剧团多次前来晋东南寻根问祖，拜访名师郭

金顺，互相传播亲情，互相切磋技艺，团结合作，共谋发展。

20世纪70年代高平党政领导，为了将老一辈艺术家的演艺精华、奉献精神，流传下去，发扬光大，举办了青年文艺培训班，系统地讲解传授了上党梆子的板腔和表演艺术，反复播放郭金顺、吴婉芝的唱片或专集。培训班办了一期又一期，一年又一年，一批批优秀演艺新秀脱颖而出。梅花奖获得者张爱珍，承上启下，继往开来，就是其中的佼佼者。

郭金顺能博得上党广大观众的好评，在于他能灵活机动，入乡随俗，适应当地群众的爱好和习俗。比如到府八县地区演出，他便运用说半句唱半句，先说后唱的旋律；到州五处演出，则变为整句全唱。同时在道白时，还恰当地融入当地韵味。

1950年，长治专区十六个县（市）的剧团举行会演，专区规定：哪个剧团夺了第一名，便可在英雄台演出半个月。会演结束后，郭金顺所在的高平县朝阳剧团夺得了第一名。因此，就在长治英雄台一连唱了半个月，场场爆满，使长治观众大饱眼福。郭金顺和他的朝阳剧团也就更加走红。

郭金顺不仅传统戏表演得淋漓尽致，而且现代戏也表演得非常成功。在《白毛女》中他饰演黄世仁，台下观众看后，把他当成真黄世仁，恨之入骨，拿起石子、破鞋，向他砸去。他参加演出的《快马加鞭》，在北京参加华北地区现代戏剧调演时，也获得了奖励。

（本文写于2002年。作者系原高平县文化局局长）

从戏王到戏魂

卢天堆

严师高徒

20世纪二三十年代，赵清海集上党梆子艺术之大成，不仅名震潞泽，扬威并州，声播豫冀，还是上党梆子走出大山的重要推手和主要传播者；是上党梆子由稚嫩走向成熟，由粗放变得优雅的分水岭上的真正丰碑；是无论行内行外，州底、潞府各派同承共认的上党梆子戏王。

然而，江河之水只有流动才能掀起巨浪，艺术创作只有通过传承才会不断光大。为了使自己的高超演技后继有人，更为了使上党梆子繁荣昌盛，赵清海慧眼独具，选择了郭金顺；郭金顺十分荣幸，找到了好伯乐。

旧时，每年农历腊月初八，高平城内喉咽祠有庙会。郭金顺所在的戏班驻会演出。为了扩大影响，班主特聘赵清海来唱压轴戏。他见郭金顺聪明伶俐，唇红齿白，模样端庄，身材修长，顿生爱意。又听说他小小年纪，便能抵大轴唱下几出大戏，心中更加喜

欢，便主动提议要给他配一场戏。戏班的人一听，连连摆手，说我们本是请您来当大牌，哪有让戏王给一个小孩子配戏的理！赵清海说："戏角不分大小，演好了就会出彩。今天我演配角，能把你班的演员捧红，那不是更好吗？"戏班同意后，他又十分谦和地和郭金顺谈心，鼓励他壮大胆子，像往常一样专心演戏。那天晚上，演的是上党梆子名剧《挂龙灯》，由郭金顺主演赵匡胤，赵清海配饰高怀德。当赵匡胤听信韩龙谗言，酒后错斩了郑子明，郑子明之妻陶三春反叛，高怀德上殿与赵匡胤理论时，戏进入了高潮。一个义正词严，情绪激动；一个追悔莫及，理屈词穷。两人配合得天衣无缝，演绎得精彩绝伦。台下叫好声惊天动地，大家一边喊"戏王！戏王！"一边喊"小红生！小红生！"从此，郭金顺名声大震，成了上党戏剧界的后起之秀。

通过这次演出，小金顺始知天外有天，极力要求拜在赵清海门下为徒；赵清海也看出郭金顺是一个戏剧天才，便欣然应允。

一个十四岁的孩子，早早地就成了万人瞩目的名角，心中的傲气在所难免。赵清海收徒后，首先要消除郭金顺的骄傲情绪。没过多久，戏班又上演《挂龙灯》，赵清海让郭金顺饰演高怀德，自己演赵匡胤。戏至高潮时，赵清海通过一系列独到的表演和低沉悠远的唱腔，将一个追悔莫及，觉得无颜再见功臣又要维护皇帝尊严，无法决断的帝王心态表现得淋漓尽致，恰到好处，使小金顺佩服得五体投地，从此放下架子，虚心学习起来。

赵清海对郭金顺的传教，主要采取了三招：一是精讲，二是苦练，三是垂范。赵清海告诉他，作为一个演员，唱、念、做、打学好了，只是掌握了基本功，更加要紧的是，一定要认真分析了解剧中人物因地位不同、环境不同、心情不同所应有的心态，然后通过不同的表现形式和方法，恰如其分地演绎出来，这样才能避免千人一面，绝不重复，使观众既得到很好的艺术享受，又常看常新。凡是郭金顺将要演出的角色，赵清海都会不厌其烦地为他分析、说戏、示范、指正。对于郭金顺的功夫，赵清海的要求是一丝不苟，字字如珠。直练得小金顺叫苦不迭，几欲放弃，而赵清海只有一句话："成才不怕苦，咬牙克万难！"郭金顺在舞台空翻筋斗时，头上的盔甲总是掉，请教赵清海，赵清海只答："咬住牙！"小金顺不解其意，无法解决，只好跪拜赵清海指教。赵清海说："我早就给你说过，让你咬住牙。牙关一咬，鬓角自紧，盔甲永不会掉！"接着他又语重心长地说："小小一个掉盔问题尚需咬紧牙关，要练成大把式，不咬牙如何能行！"直说得小金顺心领神会，刻苦练功，再也不敢有半点松懈。赵清海对小金顺更多的是言传身教，不厌其烦，认真垂范。不仅让他学好一招一式、一板一眼，更让学到了自己的艺术态度、处事方式。师父诲人不倦，耐心授徒；徒弟虚心求教，刻苦学习。三年时间，郭金顺的演技有了质的飞跃，由一个青涩的"小红生"成长为四路不挡、八面威风的大把式。十九岁时随师父赴太原演出，获得了"后起之秀"的极高赞誉，成为领衔上党剧坛的明星。

戏王再生

三年师满后，赵清海便安排郭金顺离开自己，另找别的班社。大家都不解，说："三乐意是名扬上党的班社，在这里做主演，必然出名很快。再说，咱三乐意从来是广招名角，来者不拒。这么好的

把式，怎能舍得放走？"赵清海不理众人议论，对郭金顺说："你跟着我，永远在阴影下，既不能有大的施展，又会被人认为是背靠大树好乘凉。好把式到哪里都会吃香，你离开这里，定会天高地广。"

郭金顺成为角儿的前期，看惯并热捧赵清海的观众，有三种相左的评价：一说他深得戏王真传，真乃清海再生；一种说他刚刚沾了一个边，才有一点儿清海味；还有人说，他离经叛道，根本不像赵清海！郭金顺委屈，来找师父诉说。赵清海说："这就对了。你像我，只能是个好把式。你不像我，在我的基础上形成自己的风格，才能自成一流。"他俩虽然相别，但心心相印。1939年8月17日戏王赵清海为奔赴战场的抗日将士演出时累倒在台上，不幸谢世后，郭金顺全面接过了戏王的衣钵，成为引领上党梆子事业的戏魂。

郭金顺在执掌高平县朝阳剧团和晋东南专区上党梆子剧团时，陆续排演了赵清海身前常演不衰的名剧《雁门关》《两狼山》《乾坤带》《金沙滩》《赏花楼》《清河桥》等。

20世纪50年代末，晋东南专区上党梆子剧团准备排演上党二黄《打金枝》，郭金顺专程找来同为赵清海徒弟的吴大路，说："师兄，咱师父昆、梆、罗、卷、黄样样俱佳，唯黄戏最精。我如果不好好演几出二黄戏，就不能使现在的观众领略戏王当年的风采，我也就不叫全面继承，十分愧对师父。你比我跟师父的时间长，一定要帮我好好回忆师父的一唱一叹、一招一式、一眼一神，使我认认真真地排好这本戏，也算对师父逝世二十年的纪念！"

1962年冬，三年困难时期刚过，东宅村新修了舞台，想找刚刚在长春电影制片厂拍完《三关排宴》，从此名扬全国的晋东南专区上党梆子剧团来村里演出几天。但当时剧团如日中天，台口排得满满的。郭金顺说："东宅是三乐意班的老家，是我师父奋斗过二十六年，也是我跟师父学徒三年，走上艺术大道的地方。无论台口多忙，我们都要去东宅演出。一为纪念师父，二为接受戏窝东宅村父老乡亲和看戏行家们的检阅。"

隆冬时节，刚刚下过一场大雪，晋东南专区上党梆子剧团的演员们踏雪而至。当晚大幕开启，搭戏《打焦赞》结束，由郭金顺、高玉林担纲主演的上党二黄《打金枝》开唱。郭金顺扮演的唐王手执折扇、稳踩鼓点，既雍容大度，又庄重典雅，技惊四座，气势逼人，一亮相就引来阵阵掌声。接下来他那独到细腻的表情、仪态万方的表演、美妙悠扬的唱腔、顿挫有致的念白，无不让人拍案击节，忘情陶醉。看了二十六年清海戏的东宅人，迷恋了一辈子清海的老戏迷，终于从心底发出感叹："这是赵清海去后二十多年来看到的最好演出，是最美的艺术享受。"大家一致夸赞："这真是清海转世，戏王再生。"郭金顺听了后说："这是我离开东宅三十多年后得到的正式承认，也是对我的最高奖赏。"

师徒情深

赵清海于郭金顺不光是师父，也是父兄。赵清海不仅教会郭金顺唱戏，引领他逐步成长为上党梆子名家，更教会他如何做人、如何处事，在成长为戏剧名家的同时，也具备了健康的人格。郭金顺对于师父，则山高水长，铭记不忘。虽然学成后离开了赵清海师父，但只要一有召唤，立刻前往。受到上级和媒体赞扬时，他总会主动提到自己师出清海，是师父教诲成才。

1939年8月上党戏剧界在东宅村为赵清海送葬时，郭金顺披麻戴孝，扶柩送灵。二十多年后来东宅演出时，一早便踏着厚厚的积雪，冒着寒风，寻找当年师父的足迹，给陪同人员讲述师父的往昔故事和教导自己练功的过往，虽然时间过去了二十多年，说到动情处仍然变声变色，饱含着对师父的尊崇和景仰。

20世纪50年代，郭金顺只要在陵川县一带演出，总要抽出时间，到赵清海的老家杨寨村走一走、看一看，问一问他的后人们有什么困难，并给予适当资助。当看到赵清海的曾孙赵理芳生得一表人才，有乃祖遗风时，就动员他去当演员，还说："只要你愿意学，马上给你办招工手续，我还可以给你当老师。"对于东宅村的群众，他也是礼敬有加。过去剧团演出时自行售票，在东宅周围各村演出，他只要当场无戏，便会站在戏院门口，看见那些老戏迷走来，就会和检票的人打个招呼："让这几个老人进来。"

夙愿得偿

赵清海生前有两大愿望：一是在两赴太原的基础上，努力将上党梆子唱进北京。一来扩大上党梆子剧种的影响，二来向京城同行交流学习，使上党梆子得到长足发展。二是设想在自己六十岁以后，开设艺社，专心授徒，发现人才，培养高足，承继有系，薪火相传，通过几代人的努力，使上党梆子成为在全国有较大影响的剧种。可惜因日寇入侵，形势大变，无法成行。加之天不假年，英年早逝，使宏图大业无法实现。

是中国共产党解放了全中国，给文化艺术的发展带来无限生机。郭金顺先生顺势而动，积极向上，经过不懈努力，在政府支持特别是赵树理先生的支持下，终于将上党梆子《三关排宴》搬上了银幕，一经上演，立刻轰动全国，引起广泛关注和强烈反响。郭金顺还继承师父遗愿，积极发现和培养戏剧新人，将吴婉芝，马正瑞等一批新人培养成上党梆子名角。在他们的继续努力下，又培养出吴国华、张爱珍、张保平、郭孝明等戏坛新秀，使上党梆子事业后继有人，更加辉煌！

上党戏王赵清海的凤愿在他的高徒郭金顺努力下全部实现，若他老人家地下有灵，定会含笑九泉！

（作者系戏剧爱好者，著有《上党戏王赵清海》）

杰出的上党梆子表演艺术家郭金顺

李　璐

郭金顺（1915—1982），又名郭应昌，艺名"小红生"，高平县城东村人。十岁学艺，十四岁走红，从艺五十八年，誉满上党梨园。他精湛的表演、优美的唱腔，至今为晋东南地区的中老年观众赞叹不已。他高尚的戏德、献身艺术的精神，他对上党戏曲的卓越建树，他为繁荣上党戏剧事业所做出的杰出贡献，在上党戏曲艺苑中独领风骚。他的名字彪炳于三晋戏剧史册之中。

从《挂龙灯》到《三关排宴》

1928年腊月初八郭金顺在高平城内喉咽祠舞台上一鸣惊人。

喉咽祠大殿内塑着专司保佑凡人咽喉安康的神像。每年腊月初八香火鼎盛，且有一台好戏上演。故而，当时艺人们都将这日在此演出视为幸事。

开台锣鼓响起，观众蜂拥而至。戏迷们慕《挂龙灯》而来，为的是一睹饰演赵匡胤、高怀德的名角风采。

赵匡胤出场了。随着上党皮黄音乐，这个红脸须生一张口，顿时令戏迷们大吃一惊：此角儿怎么稚音童声、奶腔奶调？戏班怎么搞的？如此挑大梁的角色岂能交给羽毛未丰的小艺徒？几个戏迷交头接耳，正欲发出要求掌班更换演员的呼喊。不料，赵匡胤一声挺拔高亢的二黄把戏迷们给镇住了！"好！"有人情不自禁地击掌赞赏。"好！好！这小红生唱得真好！"叫好声此起彼伏，接连不断……

初出茅庐，一鸣惊人。郭金顺从此获得"小红生"的艺名，蜚声上党剧坛。

翌年，郭金顺被上党梆子艺术大师赵清海收为艺徒，三年后出师挑班。1934年春，他随师父到省城演出，又获殊荣。戏迷们将上书"后起之秀"四字的红缎幛送到后台，亲手交给这位十九岁的"小红生"。

在上党戏曲界，郭金顺先生是继赵清海之后的杰出的表演艺术家。他在半个多世纪的舞台生涯中，演出了数以百计的剧目，成功地塑造了杨继业、赵匡胤、高怀德、杨四郎、海瑞、唐太宗、陈世美及黄世仁、陈焕彩等众多令人难忘的艺术形象。

"郭金顺有副金嗓子！"这在上党地区中老年观众中有口皆碑。郭金顺以唱须生、老生为主，他集上党戏曲行腔精华于一身，形成了自己优美酣畅、清新婉转，既粗犷又细腻，既高亢又轻柔的演唱风格。

郭金顺先生的名角色颇多，当首推《挂龙灯》中赵匡胤、高怀德二角。他成名于赵，深造于高。上党戏曲界同行对郭金顺扮演的高怀德登上城楼一段戏由衷折服倾倒。每逢演到此处，观众无不报以热烈的掌声。

热爱艺术献身艺术

1980年7月1日晚，高平大礼堂座无虚席。人们兴致勃勃地前来观赏久违的郭金顺先生的表演。郭金顺因年龄与健康原因退休在家。当县里领导提出请他上台，与他的弟子连小虎和连小虎的徒弟戴建民同台演出《雁门关》时，他欣然应允。

在《雁门关》中，郭金顺饰演杨八郎。他在舞台上一亮相，观众即报以雷鸣般的掌声。当剧情发展到杨八郎要向佘太君下跪时，观众都为他捏了一把汗。不少人都知道郭金顺患有严重的关节炎，双腿难于弯曲啊！观众们心想，做做样子算了，不然跌倒咋办？然而，素有一丝不苟风范的郭金顺岂肯将就？只见他右手托着椅子，异常吃力地弯呀弯呀，终于跪下了。此时，暴风雨般的掌声响起，经久不息……

郭金顺先生热爱艺术，献身艺术，把艺术看得高于生命。他虽然退休了，但心仍在舞台上。笔者三次采访他，就三次见他在家里与徒弟切磋艺术。他孜孜不倦地教诲他们，呕心沥血地培育他们。又有一次，高平县人民剧团上演《忠烈千秋》，郭金顺看完连小虎的演出，第二天便挂着拐杖上门向连小虎祝贺，并指出其不足，令晚辈感激不已。省地文化部门拍摄戏曲资料录像带，郭金顺抱病工作，认真做戏，身体支持不住，吃片药又继续干……他就是这样无私地奉献着自己的艺术才能，直到1982年12月14日，在上党剧坛上纵横捭阖一生的郭金顺先生，闭上了眼睛。

郭金顺先生的一生，是为上党戏曲艺术鞠躬尽瘁的一生。他为人民做出了巨大贡献，人民也给予他很高的荣誉。生前他历任山西省政协委员、山西省文联委员，中国戏剧家协会会员、山西省剧协理事，长治市第六届人民代表大会代表。

笔者附记：此稿中关于郭金顺先生在艺术造诣上的学术性分析，参考了朱瑜国同志所撰《郭金顺传》的一些资料，在此谨表谢意。

（作者系原高平县文化馆馆长、

高平县委宣传部文艺科科长）

大师风范 历久弥彰

崔瑞龙

今年是著名的上党梆子表演艺术大师郭金顺诞辰一百周年。张保福先生要为大师写一本传记，嘱我写一篇纪念文章。作为大师的同乡，这也是我应尽的责任，所以便不辞愚陋，欣然应允。

早在我刚刚懂事的时候，我就听说县里有一个被人称为"小红生"的人，唱戏唱得特别好。可以说当时"小红生"声名远播，全县几乎所有的人都以能一睹他的演出为快。

对于"小红生"的大名，我一直是如雷贯耳，可是因为从小在外读书，却总是无缘一睹其风采。直到1962年上党梆子《三关排宴》拍成电影后，我才在电影银幕上亲睹其英姿。在《三关排宴》中，郭金顺扮演杨四郎，他的一招一式，都准确地表达了这个人物的内心世界，通过沉思、搓手、蹀步、甩发等精彩的动作，表现了人物犹豫不决、无地自容、大彻大悟的心理特征。杨四郎这个角色，感情变化大，十分难演。可郭金顺却演得不温不火，人物把握准确，恰到好处，使我深感他果然不负戏剧大师的称号，名不虚传。我想这大概也是他能够得到观众和专家一致好评的原因之一吧。

2005年，高平市有关部门组织人员编写《高平市志》，我有幸参与其中。当时我主要负责《人物传》等篇目。郭金顺作为高平市当代著名的戏剧表演艺术大师，当然是必写的对象之一。于是，在撰写过程中，我有幸采访和搜集到许多有关他的生动史料，使我对大师有了更深入的了解。

　　我们先是深入到大师故乡的群众中去进行调查采访。在南关村，听群众反映说："郭金顺的一生可以用三句话、九个字来概括，就是'出名早、唱得好、红得长'。"说他"出名早"，是说他十四岁的时候就出了名，别的人这么大的时候都还在跟着师傅学练嗓子，而他不仅已成为享誉全县的名角，而且能单独挑班演出。说他"唱得好"，是说他唱腔高亢，以声表情，婉转优雅，潇洒流利，令人叫绝。说他"红得长"，是说他从十四岁成名，一直到六十八岁去世，长盛不衰，一直红了半个多世纪。群众中还有人说："在上党梨园圈里，有人说赵清海是戏王，我说郭金顺是戏神戏魂。郭金顺虽然曾拜赵清海为师，是赵清海的高足，但是郭金顺青出于蓝而胜于蓝。"这足以说明郭金顺在群众中的巨大影响和声望。

　　接着，我们又专门去访问了有关的文艺部门。据这些部门熟悉他的人回忆，郭金顺作为戏剧艺术界的一代大师，他在平时工作和生活中的许多作为，都堪称后世风范，在文艺界有口皆碑。他从小就无比热爱文艺事业，他十岁时入班学戏，那时候还是旧社会，艺人的地位极其低下，常常被人看不起。可他一点儿也不顾及这些，不受社会上闲言碎语的影响，专注于自己对艺术的不懈追求。谁都知道，学戏、练功是很苦的，但他从不叫苦叫累。除了每天的正常学习时间，别人都休息了，他还要加班加点自己

练习。凭着这股子勤奋学习的劲头，再加上他的天赋条件，所以只经过短短的几年时间，他就得以迅速成才。他虚怀若谷，不耻为徒，从不放过学习的机会，对艺术精益求精。当他了解到赵清海演艺高超时，便托人找到赵清海，极力要求拜在他门下为徒。在跟随赵清海学习期间，他处处严格要求自己，牢记师父"每一句唱腔、每一句台词都要做到句句似金，字字如珠"的要求，刻苦训练，反复揣摩。经过三年的虚心学习，终于使他的演技有了一个质的飞跃。他为人光明磊落，襟怀坦白，毫无门户之见，勇于提携后辈。解放后，郭金顺先是任高平县朝阳剧团副团长，后又任长治专区人民剧团第一分团团长，他还是中国戏剧家协会会员、山西省剧协理事、山西省文联委员、山西省政协委员，又要工作，又要演出，工作十分繁忙，但是他仍然不忘对青年演员的培养。他经常挤出时间为青年演员讲课，亲自传授演出的技巧、心得、经验等。他的弟子有后来的上党名家马正瑞、郭孝明等，吴婉芝、张保平等名家也都受过他的亲授与指导。

在采访调查中，我发现无论到了哪里，一提起郭金顺来，人们似乎都有说不完的故事。后来我终于明白了，原来郭金顺就像一本人们爱不释手而又内容丰富的好书，越看越爱看，读不够、唱不尽……

1982年，郭金顺因病逝世。郭金顺去世，至今已过去了三十多年，可是大师留下的崇高艺术风范，一直到今天仍在被人们口口相传，津津乐道，而这正彰显出了大师崇高风范的特殊魅力。

"大师风范，历久弥彰。"这是一笔巨大而宝贵的精神财富，哺育了文艺界一代又一代人，而且越来越多的后来人还将会受到启迪和教育。大师如果地下有知，是一定会含笑九泉的。

（本文写于2015年6月。作者系原高平市广播电视局局长、高平市精神文明办公室主任）

上党戏魂

郭金顺

交心与汇报^①

郭金顺

　　我名叫郭金顺，曾用名郭应昌。今年四十五岁。系山西高平县城关公社城东村人，中农成份，艺人出身，初中文化程度，家有四口人。我出生于 1915 年 10 月 4 日^②，七至九岁因家贫无钱上学，在家拾焦炭。十岁上（即 1924 年至 1925 年）跟我父亲在高平长乐意开始学戏。

1925 年—1928 年　在高平永顺班三年

1928 年—1929 年　在高平长乐意一年

1929 年—1930 年　在高平三意班一年

1930 年—1932 年　在高平东宅戏二年

1932 年—1934 年　在高平三意班二年

1934 年—1939 年　在高平万亿班五年

1939 年—1940 年　在高平乐意班和壶关三乐意各半年

1940 年—1941 年　在高平万亿班一年

1941 年—1943 年　在陵川三乐班二年

---

①题目为编者所加。

②此文为郭金顺自撰，与 10 月 25 日有异，存疑待考。

1943年—1944年 在高平三意班和高平万亿班各半年

1944年—1945年 高平解放后，万亿班改为朝阳剧团，一直任到1954年

1954年—1960年 在长治专区（后改为晋东南专区）上党梆子剧团

1957年被选为长治市政协委员，同年又被吸收为中国戏剧家协会会员。1959年被选为中国戏剧家协会山西省分会理事。1960年又荣幸地参加了第三次全国文代会，见到了刘少奇主席、周恩来总理、朱德委员长、宋庆龄副主席、邓小平总书记，特别是7月23日又见到了我们最敬爱的毛主席，并在一起照了相。这是我一生最荣幸的一件大事，我永远不会忘记。

追溯起我在旧社会的童年生活是苦不堪言的。我七岁上，父亲终年唱戏，家中留母亲、姐姐和我三人。不幸的是正因为穷境难度，母亲又得下阴疮病，给我姐弟二人加上了一个沉重的负担。粗糠稀粥有时绝口，哪来分文给母亲治病？无奈只好访问东邻西舍找来个省钱的土偏方——"狗蛋叶"。我姐弟二人只好用这种"狗蛋叶"，一面给母亲疗治，一面拾焦炭糊口，整整治了三年，幸方见好。

母亲病好后，家庭生活还是难以维持，我十岁上，即跟我父亲在高平长乐意开始唱了戏。跟我父亲学戏整整十年，在这漫长的十年里，受尽了旧社会统治阶级旧班主的种种迫害。我父亲是个唱旦角的，属一般演员。当时一个平常演员单靠说唱是顾不住生活的，所以又兼了保管头盔的职务；我初进戏班是学戏兼倒茶水（过去戏班叫卖茶）。我父亲每台赚七百铜钱，我只赚一百，班主每十台还从

中诈取一台利润；官家还经常不断拉官戏，叫我们白白为他们效劳演唱。这不用说，如因故误了定期，不是吊打，就是禁止登台。我父亲看到这种黑暗世道难以生活，如找个其他生路，一个穷人子弟哪里能够高攀得上呢？无奈只好把我送到长子南呈娃娃班，盼望学下些艺术资本，将来如熬成个好把式，好养家渡口。谁知道旧社会老鸦一般黑，那里也同样是虐待艺人，一天三顿稀米汤，只能喝个半饱肚，住了三个月，艺道也没学上，几乎送了命。我父亲把我叫回来，便从此下了决心亲手教导我，我也积极努力刻苦自学，经过一段磨炼之后，在我十四岁上，就能够登台演唱。像《杀狗》《烧皂》等一些小戏，已成为我的开台戏。班主看我唱戏还可以，由我原来赚得一百铜钱，一跃而增加到八百。工资的增加改善了我的学徒生活。自己就想，再好好下几年工夫，当上个成名演员，单独领上一架戏箱，岂不是名利双全吗？我父亲也是这样想，如果能够把自己的孩子教养成，一来能照顾家里生活，二来也少受班主的气，自己也觉得光彩。所以于1930年即我十六岁上，我父亲托了一位戏剧爱好者姬三明先生把我介绍给名艺人赵清海名下拜师学艺（已故）。赵清海是当时上党梆子名艺人之一。他的唱做俱佳，尤以上党二黄见长。像在《清河桥》中扮演的庄王等角色都很拿手。他的声音铿锵，动作洗练，不管须生花面装谁像谁各有独到之处，演出之后，真是脍炙人口。正由于他的表演特出，再加上我的深钻细研，不到二年时间，跟他学下了不少角色。像《清河桥》的庄王，《挂龙灯》的赵匡胤，杨家将的四郎、八郎等角色，我都能上演，演出之时观众还满意。当然距我师父的表演悬殊尚远。我师父看我唱戏有作为，在他烟瘾发作不能登台上演时，就把他扮演的主要角色让我上演。我就趁这个机会来锻炼提高自己的表演艺术。像我和师父同台演出《挂龙灯》时，他演高怀德，我演赵匡胤，师徒两个演得非常出神。所以观众给我起了个艺名，叫我是"小红生"。以后在潞泽一带就小有声誉了。

我虽然能够正式上演了，但由于旧戏班里师父剥削徒弟的恶习惯，不管你的技术怎样有长进，在学徒时期的工资还仍按学徒待遇。我原来所赚的八百铜钱降低不用说，师父还要克扣大半；再加上当时物价不断上涨，我们生活还是顾不过来。于1934年即我十九岁上，不得不离开师父另往高平三意班单独领箱（当主演）。实指望从此就可以挽回生活的危机，谁知可怜的父亲，因生活凋零、年老体衰，不幸于当年八月就被班主给折磨死了。

我在旧社会整整度过了二十年的旧戏班生活。走遍了高平、陵川、壶关、长子等八个班社，受尽了统治阶级反动派的种种凌辱，因当时一切剥削统治阶级对戏曲艺术都是采取漠视的玩弄态度，把艺术创造者当作他们的奴仆，所以在艺术上未能正常发展，再加上一个稍有声名的演员，那些土豪劣绅、地痞流氓找你捧场，使我无形中又沾染上吸食烟土的坏习惯，这一来精神上萎靡不振，艺术上受到了严重的摧残。

1938年日寇进攻上党地区，广大戏曲艺人受着日本鬼子和国民党反动派的双重迫害。我当时不忍日寇汉奸的欺凌，为不使戏曲艺术遭受敌人的摧残，转入敌后抗日根据地——陵川、沁水一带临时组织了一些零散艺人流动演出。心想在山区演出能够免受日寇的迫害，谁知疯狂的敌人不断搜山扫荡大肆烧杀，使广大群众和广大戏曲艺人陷入灾难之中，我们这个戏班子于1940年被抓到敌区演出。

在敌区受尽了日本人的严刑拷打，过着牛马不如的生活，行动不自由，演出受限制，丧尽病狂的日寇和豺狼成性的汉奸狗腿时时监视着我们的行动。每逢演出时，如果唱的戏码少，演出不出力，狗腿子就要当"暗八路"判罪，说你有嫌疑，不给大皇军效劳，滥加罪名。有一次在长治县荫城、桑梓演出时，一个日本宪兵队，非硬叫我唱到天明不可。我当时提出抗议，就被狗腿子打的满身伤痕。万恶的日本鬼子和爪牙们就是这样残害我们艺人的。我目睹这种非人生活，忍无可忍，于1941年带着我全家和我姐姐、姐夫、外甥三口人沿途乞讨又偷偷跑到敌后抗日根据地的陵川王峧村。这个村里有个人称大瘤子名叫李双松的人，办了个戏班。我当时逃到这里为了全家人的生活，不得已又住了这个戏班（三乐班）。我又凑了徐贵生、史小旦等几个零散艺人和当地业余爱好者组成了个家生戏，在根据地进行演出。谁知1941年和1942年的两次大灾荒又给我们带来了生活的危机。幸好有一次在壶关石坡村演出，抗日县长吴国英看到我们的生活非常困难，马上和村干部商量了一下，给剧团拨了一部分救济粮，还给了我一斗小米，这一斗小米救活了全家性命。如今提起来记忆犹新，感激不尽的。这是我第一次感到党和抗日政府对艺人的关怀。1942年脱离陵川王峧三乐班又回到高平万亿班。

1945年高平解放后，在党和毛主席的正确领导下，旧戏班改为剧团，打倒了旧班主，建立了新制度，艺人们的生活大大改善，政治地位大大提高，剧团面貌焕然一新。我原来住的这个万亿班改为高平朝阳剧团。从此我摆脱了旧社会统治阶级旧戏班的种种迫害，受到了党和人民政府对我的关怀，走上了正确的艺术道路。

我们高平朝阳剧团在1946年至1949年时期，在演出方面，紧密地配合了党在各个时期的政治运动，先后曾创编和排练了一些反映国民党统治时期逼得群众妻离子散的《血泪仇》和《王和尚卖妻》等现代戏。我在这些剧目中，曾演过《王和尚卖妻》中的王和尚、《血泪仇》中的王仁厚等角色，这些节目在配合当时的各项中心工作起到了巨大的推动作用。在党和民主政府的指导下，使我这个旧艺人不但能演出传统戏，还能表演现代戏，我的艺术得到了新的发展，但是由于当时自己的觉悟程度低，根本谈不到什么人物性格的思想性和艺术性，更不明确戏曲为人民服务的重要性，因此艺术表演的提高不够显著。

剧团成立后的几年中，虽经过党的不断教育，由于自己受旧戏班的坏习惯根深蒂固，以后我的大烟瘾仍未中断，还偷偷摸摸地避着吸食。我认为自己在剧团是个好把式，我就抽一抽，关系不很大，反正剧团离了我不能开戏，我旧戏不够干、新戏又能演，一种狂妄自大、不惧法律的严重错误思想在驱使着我。党和人民政府为了教育我改邪归正，做一个为人民服务的演员，曾下定最大的决心挽救过我，我在1947年至1950年、1951年因吸食烟土，曾连续犯过三次。前两次党念我是刚从旧社会过来的，只要认识吸食烟土的错误，是对自己的心身健康有极大损害，还能够谅解。而我呢？反而把党对我前两次的一片苦衷，当成是党挑动剧团干部来搞我的，所以我又一误再误和党闹起对立照常吸食。党又对我进行了第三次教育，经过了思想改造，我才认识了错误，深深感到自己所犯的错误是极其严重的，只恨自己当初不听党的谆谆教导。

由于党组织和同志们经常不断地帮助我、教育我，自己的思想确有好转，工作积极主动，处处带头领先。像排练节目，教导青年

勤学苦练等方面，我主动和大家研究剧本，帮助青年练习基本功；政治、文化、业务方面，我不断深入地加强学习，开始走上了一条正确的政治道路。党组织看到我真有改造和提高，对我也就非常信任，又委派我当了副团长。一个刚经改造的旧艺人能够当上剧团干部，真是做梦也想不到的，这时候我才深深感到党对艺人的重视与关怀，和旧社会相比，真有天地之别。

　　1954年高平朝阳剧团和长治胜利剧团合并为长治专区人民剧团之后，党组织又委派我当了剧团团长，我更加积极主动了。党组织为了重点培养这个剧团在全区戏曲界起到示范作用，把戏曲推向一个新的发展高潮，在演出的政治质量上、艺术质量上都是高标准要求。剧团本着党的指示精神和毛主席提出的"百花齐放，推陈出新"的戏曲方针，在尊重传统的基础上，用大无畏的革新精神，整理了《皮秀英打虎》《寄女杀家》等传统戏；为了改革与提高上党梆子的音乐唱腔和艺术表演，我们在排练移植剧目《秦香莲》的同时，又进行了大胆革新尝试。如在排练方面，导演要求非常严格，不管大小演员都得认真做戏，必须深入每个角色的内心深处，绝不能敷衍了事应付差事。在唱腔改革上，第一场秦香莲闯宫见到陈世美的一段唱词，就是根据剧情的发展用慢三板的低沉调子来抒发情感的，而不是火爆式的一触即发，这样不符合秦香莲和陈世美当时的心理状态。最后陈世美贪图享乐怕丢官爵，决心要抛弃他的前妻时，音乐随着剧情的发展才要达到高峰。通过《秦香莲》的排练和演出对我的启示，我在塑造陈世美这一人物上有很大提高，使我基本上扭转了过去只求外形表演，不注重内心活动的倾向，也初步明确了一个演员必须懂得是内容决定形式，而不是形式决定内容的基本道理。这个戏经过加工排练演出之后，对全区戏曲改革工作，也起到了一定的推动作用。

我扮演陈世美这一角色，也不是一帆风顺的。在唱腔上，自己照老调子唱习惯了，一下子改了调门，咋也唱不来，不是不合拍，就是唱调高，后来经过音乐同志耐心指导，我也慢慢捉摸，才逐步唱习惯了；在表演上，初排也是动作不准确，眼神不管用，心里老焦急，经过导演诱导，才逐步改观。可想一个演员在表演上不下一番苦功，是不能完成角色所给予的使命的。历年来，我所扮演过的一些角色，像《薛刚反唐》中的徐策、《法门寺》中的赵廉、《东门会》中的陈文子等角色，确实有所提高，而提高的基础就是在排练《秦香莲》时给打下的。

为了艺术上的不断发展、不断深造，我除虚心向前辈艺人学习外，还吸收了其他兄弟剧团的某种特点。如我在《薛刚反唐》中扮演的徐策，就是吸收了京剧著名表演艺术家周信芳和蒲剧名演员阎逢春在《徐策跑城》中的一段精湛表演，自己再经过融会贯通创造发展的。在唱腔上，我吸收了上党梆子名艺人赵清海、段二淼、靳伯庐等的不同唱法，再根据我的唱腔，经过创造丰富发展的。在唱腔运用上一定要掌握好听易懂，给观众精神上一种美的感受。

近二年来，我在重点加工剧目《徐公案》《三关排宴》中所扮演的海瑞和杨四郎虽有所提高，但由于自己的政治思想水平低，分析能力差，对海瑞生性正直的性格和杨四郎叛徒本质的真实面孔还不能恰如其分地表现出来。如我在《三关排宴》中扮演的杨四郎，只注意了他的可怜相和母子骨肉之情，就没有从四郎已经沦为叛徒，和佘太君、杨宗保已成了敌对关系去考虑，因而演出之后，不但没

有引起观众对四郎的愤恨，反而引起观众对他的同情。这个角色，我过去就没把他放在眼里，自列入重点加工节目之后，经过不断排练、不断学习，我才知道这个角色非常重要，非常难演。这个角色我还在不断琢磨和深造，今后我要下苦功夫把杨四郎演的既有叛徒的共性又有四郎的个性，把他的丑恶面貌揭露出来，作为反面教材，教育人民。

艺术是无止境的，我认为一个角色要求精益求精，必须以革命的精神来不断提高自己的表演艺术。曾有人问过我："老郭，我看过你好几次《东门会》中的陈文子，看一次一个样，一次比一次有改进。"我说，一切事物都在不断发展，戏曲也同样如此。因为群众的思想觉悟天天在提高，自己的表演如停止不前，观众就不爱看你的戏了，那还能为人民服好务吗？

培养青年演员是一件非常重要的工作，它关系着今后戏曲事业的繁荣与发展问题。十年来，我团在培养青年演员方面，始终根据党所要求的"全面培养，因材施教，政治挂帅，劳动与教育相结合的方针"。我团本着这个精神在进行教育上首先加强青年学员的文化学习和政治学习，使每个学员具有共产主义的思想觉悟。在艺术教育方面，学习历史知识和业务理论知识，并注意用理论与实际相结合的教学方法来教导青年。在继承传统、发展传统方面，我是根据马列主义的历史唯物观点来批判地继承，创造性地发展。在进行业务排练方面，我是根据学员的年龄、爱好、进程，全面培养，因材施教。在节目的选择上，是挑选政治内容较高的、艺术思想较强的剧本来进行教学，以防止青年学员受了色情、迷信等坏影响。在基本功方面，是在上党梆子的原有基础上，把不合理、不美观的动作表演和青年学员共同研究加以改进的。在唱腔方面，不主张单纯模仿别人的唱腔，要把别人的精华当作营养来弥补自己的不足。在道白方面，首先要改土字，这不等于学京白，要学本剧种的舞台语，道白要有韵，牙关要有劲，要分出节奏掌握语气。在教导青年的同时，要走群众路线和青年学员共同研究，互相促进。十年来，我团在党的正确领导下，在剧团干部、老师的共同努力下，已培养出一批又红又专的青年演员，这批青年演员绝大部分登上了戏剧舞台，和广大观众见了面，有的小有声誉，有的继续奋斗，努力迎头赶上。

我的艺术能够这样迅速地发展，是和历次政治运动党组织对我的耐心教育和思想改造分不开的。特别是1957年经过整风反右斗争，我受到了一次深刻的阶级教育。戏剧界的资产阶级右派分子，为了霸占戏剧论坛，倡言不要党的领导，宣扬资产阶级的反动文艺。曾说什么"党不能领导文艺工作"，"后辈人才寥寥无几"等来麻痹人民，妄想推翻党的领导，再骑在人民头上作威作福。这群右派小丑的无耻之言，早被我们反驳得体无完肤，不得不向人民低头认罪。

这是一场剧烈的阶级斗争，也是一场你死我活的两条道路的斗争。我通过这次运动，深刻感到一个演员如果单纯依靠技术，脱离政治，非陷入资产阶级右派分子的泥坑不可。由此证明，戏曲工作一刻也不能离开党的领导，一刻也不能离开毛泽东的文艺思想指导。

1958年大跃进以来，我团也和其他兄弟剧团一样，在党的正确领导下，在总路线的光辉照耀下，经过思想运动，树立了敢想敢干的雄心壮志，在全国开展了一个轰轰烈烈的群众性的创作运动和劳动竞赛运动，仅有三个月的时间，就创作了各种不同形式的大小剧

本、歌舞、快板等约万件以上，这些剧本的创作者，绝大多数都是未动过笔的青、老演员和勤杂人员，他们牺牲了睡眠，忘记了寒冷，用自己的辛勤劳动，来作自己的惊人成绩，向党献礼。这是空前未有的事，这些剧本，虽质量不高，经过加工提炼，是能够成为较优秀的作品。如我团当年创编的现代剧《在钢铁战线上》《洞房花烛夜》等剧，经过不断修改加工排练演出后，得到了观众的好评。我当时因对党的文艺方针领会不透，认识不足，对大搞创作的态度束手无策，勇气不大，老认为创作是专家的事，自己不能搞，搞不了。真没有想到大家能够创作出这么多的作品。通过大跃进，进一步认识了群众的力量是无穷无尽的，我的思想认识是跟不上时代要求的。只要深入群众，调动起群众的积极因素，不管困难有多大都能克服，任务多么艰巨都能完成。

1959年3月，我随山西人民赴福建前线慰问团向中国人民解放军进行慰问演出时，亲眼看到英勇的战士们终日守卫在祖国的前沿，保卫我们伟大祖国的社会主义建设事业。我们每到一地演出，战士们都抱着雄伟的姿态，向我们表示："什么时候不解放台湾，不打倒蒋介石和美帝国主义，拯救出台湾人民，我们绝不回家。"这种豪言壮语，打动了我们每个演员的心灵，当我们每到一地向战士们演毕，他们总是恋恋不舍。有一个战士向我说："看了亲人们的演出，给了我很大的鼓舞，我一定要多杀几个美国强盗，来感谢亲人。"战士们这种高度的爱国主义精神和顽强的战斗意志，给了我很大的鞭策，只觉得自己的工作和战士们一对比差得太远了，今后我一定要奋发图强，不断提高我的政治思想和艺术水平，用戏剧的宣传武器，来反映我们伟大时代的精神面貌，来感谢战士们对我的一片关怀。

1960年，我又荣幸地参加了第三次全国文代会，听了各位首长的报告，受到了极大的鼓舞，通过学习，再回头看看自己的工作，距离党和人民的要求相差太远了。

毛主席在1942年延安文艺座谈会上就告诉我们，文艺要为工农兵服务，要工农化，可是我做得怎么样呢？起先，我还认为我是劳动人家出身，本身就是劳动人民，不用"化"也"化"了。可是现在检查起来，问题还不少，像参加劳动吧，没有当成是锻炼和提高自己的好机会，只是感到这是党的号召，应该执行，所以就不够主动。今后我要下定决心，多多学习毛泽东著作，全心全意为工农兵服务，在三面红旗的光辉照耀下，在毛主席文艺思想指导下，勤学苦练，不断提高自己的思想水平和艺术水平，用社会主义—共产主义精神教育广大人民，做一个名副其实的社会主义戏曲工作者。

（本文写于1960年10月17日）

郭金顺碑文

郭金顺（1915—1982），高平县城东村人，上党梆子表演艺术家，须生。中国剧协会员，省剧协理事。省政协委员，省文联委员。

郭公十岁随父学戏，十四岁在《挂龙灯》中饰赵匡胤而一举成名。艺名"小红生"。

旧社会，郭公一介戏子，天践人辱，饱经磨难。解放后，身心一新，风华正茂。1954年出任长治专区人民剧团第一分团首任团长。

郭公从艺五十八载，扮帝王，扮臣民，演古装，演现代，人物百计，演谁似谁，出神入化，高人一筹，为上党梆子的传承光大作出了杰出贡献。最是1962年，上党梆子《三关排宴》被长影搬上银幕，郭公饰杨四郎，演技精湛，光彩照人，蜚声遐迩。摄制结束，途经北京，在国务院小礼堂专场演了《三关排宴》，观众有周恩来总理、朱德委员长等，上党梆子首次走进中南海。

更令郭公欣慰的是1960年，他荣幸参加了第三次全国文代会，荣幸见到领袖毛泽东，并一起合影纪念。

郭公一生即戏，戏即一生，人以戏传，戏以人传，做人做戏，德艺双馨，人戏双赢。

山西省上党戏剧院

晋城市文化新闻出版管理局

晋城市上党梆子剧团

2002 年 8 月 8 日

祭父母

母新故，遵乡俗，举二老合殓之礼，老屋依依，旧景历历，白幡拂风，心悸泪泣。

父一九一五年生，一九八二年病逝。幼时家贫，风苦雨冷，十岁随父学戏，命蹇志刚，眼学心悟，十四岁在《挂龙灯》中饰赵匡胤而一举成名。艺名"小红生"。

父亲在旧社会，天践人辱，饱经磨难。解放后，如鱼得水，才艺俱进。1954年出任长治专区人民剧团第一分团首任团长。

父从艺五十八载，扮帝王，演古装，演现代，人物百计，出神入化，演谁似谁。为上党梆子的传承光大作出了杰出贡献。父亲有三大幸事令其一生欣慰：一是上党梆子《三关排宴》被搬上银幕，父饰杨四郎，演技纯青，光彩照人；二是曾在中南海小礼堂为周恩来总理、朱德委员长等中央领导专场演出《三关排宴》名垂青史，声播京都；三是1960年出席全国第三次文代会见到领袖毛泽东并合影纪念。时时忆起，终生莫忘。

父亲一生即戏，戏即一生，人以戏传，戏以人传，做人做戏，德艺双馨，人戏双赢。

母1923年生，2002年4月谢世。母亲与父一样，出身贫微，然命乖不掩兰桂之质，人卑不改刚强之性。与父缘结百年，体贴恩爱，相依相护，真正是刚柔相济，夫唱妇随，难时同咽辛酸泪，乐时共赏中天月。持家教子，挡外主内，夫显妇贵，子孝母荣，也算荣光一世。

　　今举大礼，圆先父母"生同枕，死同穴"之凤愿，了儿女养老送终之义务。悲乎？幸乎？

女：瑞娥
子：高潮　泣叩

2002年5月8日

刊载郭金顺生平事迹书刊一览表

刊载及文章名称	作者	出版时间	刊载或出版单位
《晋城市志》 人物·郭金顺	晋城市史志办	1999.8	中华书局出版
《晋城史话》 人物·郭金顺	张保福	1998.7	新华出版社出版
《高平县志》 人物·郭金顺	高平县志办	1992.10	中国地图出版社出版
《高平市志》 人物·郭金顺	高平市志 编委会	2009.5	中华书局出版
《上党梆子》 传记·郭金顺	栗守田	2007.11	山西人民出版社出版
《高平史话》 灿若群星的人杰 名流·郭金顺	张保福	2007.6	中国文化出版社出版
《上党戏王赵清海》 薪火相传·郭金顺	赵魁元 卢天堆	2011.1	中国戏剧出版社出版
《梨园群芳》 梨园代有才 俊出·郭金顺	郭振朝	2010.9	中华书局出版
《人生如戏》	苟有富	2006.5	中国戏剧出版社出版

后　记

张保福

　　2014年秋天，原晋城市委常委、宣传部部长赵魁元同志跟我谈，2015年是上党梆子表演艺术家、一代戏魂郭金顺同志诞辰一百周年，有关方面准备为之搞纪念活动，让我为之写部郭金顺传记。我一听，头都炸了。我对戏剧一行可以说是擀面杖吹火——一窍不通，隔行如隔山啊！我既不是金刚钻，怎敢揽这个瓷器活？虽然小时候也跟着父亲看过几天戏，但那是不会看的看热闹，看上半天也不知道戏台上在做什么。后来跟上村里的八音会也吹吹笛子、拉拉二胡什么的，偶尔也学点四六、花腔，不过玩玩而已。只听父亲说"小红生"唱得怎样怎样好，但我自己从未看过他唱的戏。何况郭金顺去世已三十多年，跟他同时代的演艺人员都被天堂请去，留在人间的实属凤毛麟角。真可谓"当年同台演唱者，点检如今无一人"。就是看过郭金顺演出的人也很难寻觅。巧妇难为无米之炊，何况我还

不是巧妇，而是地地道道的门外汉。对于这个烫手的山芋，我犹豫再三，不敢去接。

我和赵魁元同志同是郭金顺大师的高平同乡，20世纪七八十年代，同在高平县委工作，到晋城工作后也多有接触，彼此知心，无话不谈。在他的印象中，好像我还能写点东西。他说，这是纪念赵清海诞辰一百三十周年座谈会时栗守田老人提出的课题，找了几个年轻人，都不愿接手。错过诞辰一百周年纪念，恐怕更难实现了。言语之中流露着焦急和无奈。如今既然向我提出来了，却之不恭，只得勉强应承下来，但老虎吃天，无法下口。

郭金顺是上党梆子的代表人物、卓越的表演艺术家，是剧坛大擘、梨园戏魂。他从艺五十多年，演艺精湛、炉火纯青、戏德高尚，深受广大人民群众的爱戴和赞赏。至今，他的艺术、他的唱腔，仍风行城乡坊间，让无数戏迷津津乐道。郭金顺的表演代表了上党梆子的一个时代，上党梆子因他而流光溢彩，他使上党梆子充满了诗情画意和文化魅力。他为太行人民播撒了艺术智慧的种子，他用高尚的品格为太行人民铸就了一座善于继承、精于借鉴，勇于创新，着力塑造人物形象的艺术丰碑，开一时之风气。稳执上党剧坛牛耳五十多年，为上党梆子戏剧事业的发展做出了不可磨灭的贡献。他吃戏多、戏路宽、全把式、大里手，受观众热捧。正如黄宗江先生所言，"角儿和观众于繁弦急管，色彩斑斓中激荡着共同的感情"，"台上台下热泪滚滚，是剧场艺术的最高境界"。在半个多世纪的舞台生涯中，他不仅塑造了许多丰富生动、栩栩如生的艺术形象，而且带领晋东南上党梆子剧团走南闯北，把上党梆子戏演到了大江南北，演到了国务院中南海，演上了银幕，从而扩大了上党梆子的知名度，将上党梆子这一剧种融入了中华戏剧的大舞台。同时他还汲取了兄弟剧种的营养，丰富了上党梆子的表现力。郭金顺对于上党梆子这一剧种的影响，怎么形容都不过分。

可是郭金顺大师毕竟离开这个世界三十多年，已渐渐淡出了人们的视野，被众多媒体所淹没，就连梨园本身亦知之甚少了。像赵魁元、栗守田这样关心、研究上党梆子发展史的人已不多了，还有谁会为之奔走呼号？这实在是上党梆子的悲剧。有人讲，一个民族没有英雄，这个民族是可悲的。出现了英雄，却不去认识他、宣传他，这个民族是没有希望的。同理，一门艺术没有出现角儿是可悲的，出现角儿却把他遗忘了，就更加可悲。可以肯定地说，上党梆子的成熟，上党梆子的高峰，上党梆子在山西、在全国戏剧百花园里的地位，是以郭金顺为代表的上党梆子演员来完成的。我们提到京剧，必然会提梅兰芳。同样，我们提起上党梆子，不能不提郭金顺，我们怎么能将上党梆子这一剧种的代表人物忘怀呢？作为太行人民的骄傲，一直以来却没有一本全面反映他艺术生涯的专著，甚至有被历史尘封和被人遗忘的危险。

想到这里，我仿佛觉得自己肩上有了责无旁贷、义不容辞的责任。戏剧艺术是我们民族艺术的瑰宝，其独特的艺术感染力和审美艺术欣赏在世界上是独一无二的。戏剧是中国传统文化中不可缺少的一个链条，它源远流长，博大精深，多姿多彩，是各门类艺术的集合，有自己独特的神韵和发展轨迹。在很长一段历史时期，人们是通过戏剧接受并传承中国文化的。而我们山西、我们晋城、我的家乡高平，更是中国戏曲艺术的摇篮。这里有浓厚的文化积淀和浓郁的民俗风情。那听曲看戏、口耳相传、代代相袭的上党梆子，今

天仍然牵动着家乡人们的情感，影响着人们的工作和生活。特别是在家乡的戏曲沃土里产生的戏剧大师、一代戏魂郭金顺，他从红遍高平的"小红生"，到开宗立派的上党梆子艺术大师。他以深厚的传统根基和广阔的艺术视野，赋予上党梆子艺术新的生命力，成就了他影响几代人的戏剧传奇。郭金顺以戏为命，视戏如命，为戏拼搏，引领上党梆子走向成熟和辉煌，他的艺术在那个时代是走在前面的，充满现代精神，具有不朽的价值。即便在今天，他的示范性、启发性依然强大。他对上党梆子的革新创造，奠定了上党梆子走向现代的基础，并对以后的发展产生了深远的影响。他以超凡的胆识和独特的表现手法，在前人筚路蓝缕的构意中奋力走出一条新路，为上党梆子的发展抒写了一部昂扬的时代画卷，使上党梆子这个古老剧种在几经兴衰沉浮后锋芒难掩，再次给剧坛带来震撼和升华。他对上党文化浓厚底蕴的把握，对舞台人物精神品格的张扬，都力求形式新颖、特色鲜明，追求着现代唯美清新的审美倾向。对于这样一位从家乡走出来的戏剧大师我怎么能置若罔闻、不管不顾、任其泯灭呢？由此，我觉得有天大的困难也要自己克服，再不能推托了，为他做传成了我义不容辞的责任。

说实话，由我来写郭金顺的传记，遇到的困难太多太多了。第一是业务生疏，隔行如隔山；第二是资料搜集难，大师已去三十多年，和他同时代的人多不在世，知情人少之又少；第三是田野调查难。如今我已退休在家，出门无车，抬手动脚都是难绊。但是我既答应了此事，"收拾乾坤一担担，上肩容易下肩难，"只有背水一战了。不熟悉戏剧业务，我便从头学起，向书本学，向戏剧内行学，向专家学。最困难的是采访。如今知情者甚少，即便知道一点儿，也是些散落的碎片。我和魁元同志不得不追忆时光流转，重涉岁月之河，在晋城、跑高平、上长治，召开知情人座谈会，或登门拜访，一星星、一点点地去搜寻郭金顺岁月的痕迹，寻觅其散落的记忆，梳理其人生的珠玉。当此之时，我们像发疯似的，逢人便问梨园事，遇旧常谈演艺情，收拾一点算一点，捡到篮子是根菜。功夫不负有心人，这段时间的采访颠覆了我原来的想象。那些零碎的、散片式的记忆，经过梳理，渐渐在我的脑海里变得清晰起来，人物形象渐次生动。原来不为人知的情节渐渐浮出水面。就这样，我像采花的蜜蜂一样，飞出去时还是空身子，回来后便能带点儿蜜。特别是有的老演员、老粉丝提起郭金顺来，泪眼滂沱，有的甚至泣不成声。他的技艺、他的人格魅力，令我感动，令我折服，由不得胸中历历写青史，笔下源源入生平。我是蘸着心血、噙着泪水来写郭金顺的。有时写着写着便被泪水遮住了眼球，泪水浸湿了稿纸，有时竟情难自禁，失声痛哭起来。当此之时，我完全进入了角色，满脑子郭金顺，心里扑扑腾腾，浑身火烧火燎，一夜一夜地潮翻浪滚睡不着觉。每天价心里老是一出一出过戏。我完全忘记了自己的年龄，忘记了自己的身体，"骥虽老去壮心在，鹤纵病来仙骨清"，十二成力气往外掏，每天早起晚睡，奋笔疾书，废寝忘食，殚精竭虑，其中甘苦，谁人能知？经过几个月的奋战，总算完稿。虽不尽如人意，但求无愧于心。

　　郭金顺大师代表了上党梆子这一剧种的一个时代，在他身上有一股浓烈的文化艺术气息，通过他，人们会深深地被中华传统艺术所吸引，情不自禁地为戏剧艺术而鼓掌欢呼。在他身上不仅彰显了上党梆子辉煌的过去和活跃的现在，也为之展示了充满希望的未

来。作为本书作者的我，试图以编年的体裁、白描的笔法、质朴而抒情的格调，带着对大师的虔诚、敬畏和痴迷，带着深沉真挚的感情，通过自己独到的观察和深度的思考，去浓缩和承载大师五十多年的戏剧生涯，开掘其人物形象的心灵光芒，谱写其凄美悲壮的生命绝唱，重现大师风流蕴藉的艺术人生和人格魅力，再现大师当年演艺的风采，传递时光的韵味和历史的回响。本书不仅是对郭金顺大师本人的纪念和解读，也是对上党梆子这一剧种的回望和对上党文化独特魅力的一种诠释。

在本书撰写的过程中，得到了孙有根、马正瑞、王桂兰、高玉林、郭高潮、王才旺、李铁庄、李春孩、许永忠、宋培德、申小红、冯保平、郝士杰等同志的大力支持和帮助，栗守田老前辈还对本书稿逐字逐句进行了审阅，并提出了宝贵的修改意见。著名书画家、原山西省文联主席李才旺同志还在百忙中为本书作序。郝士杰老师提供了许多影像资料。本书还采撷了栗守田和苟有富诸位同志有关著作中的许多珍贵资料，在这里表示诚挚的感谢。

高平市委、市政府及领导，对发展高平文化事业、繁荣高平戏剧非常重视，把纪念郭金顺先生诞辰一百周年作为大事来抓，并决定支持出版此书。高平市委宣传部、高平市委文化局组织了隆重的纪念活动，吴国华、张爱珍、张保平、陈素琴、杜建萍同台演出纪念郭金顺先生，这无疑是上党戏剧界的一大盛事。盛世兴文，上党梆子的又一个高潮即将到来，从而开创上党戏剧文化的新纪元。

2015年5月